/100位

为新中国成立作出突出贡献的英雄模范人物/

邓中夏

闫勋才/编著

吉林文史出版社

图书在版编目（CIP）数据

邓中夏 / 闫勋才编著. -- 长春 : 吉林文史出版社,
2011.4（2022.4重印）
（100位为新中国成立作出突出贡献的英雄模范人物）
ISBN 978-7-5472-0514-3

Ⅰ. ①邓… Ⅱ. ①闫… Ⅲ. ①邓中夏（1894～1933）－生平事迹 Ⅳ. ①K827=6

中国版本图书馆CIP数据核字(2011)第050225号

邓中夏

DENGZHONGXIA

编著/ 闫勋才
选题策划/ 王尔立　责任编辑/ 王尔立
装帧设计/ 韩璘
出版发行/ 吉林文史出版社
地址/ 长春市福祉大路5788号　邮编/ 130118
电话/ 0431-81629363　传真/ 0431-86037589
印刷/ 天津海德伟业印务有限公司
版次/ 2011年4月第1版 2022年4月第6次印刷
开本/ 640mm×920mm　1/16
印张/ 9　字数/ 100千
书号/ ISBN 978-7-5472-0514-3
定价/ 29.80元

《100位为新中国成立作出突出贡献的英雄模范人物》丛书

/100位

为新中国成立作出突出贡献的英雄模范人物/

八女投江　于化虎　小叶丹　马本斋　马立训　方志敏

毛泽民　毛泽覃　王尔琢　王尽美　王克勤　王若飞

邓　萍　邓中夏　邓恩铭　韦拔群　冯　平　卢德铭

叶　挺　叶成焕　左　权　诺尔曼·白求恩　任常伦

关向应　刘老庄连　刘伯坚　刘志丹　刘胡兰　吉鸿昌

向警予　寻淮洲　戎冠秀　朱　瑞　江上青　江竹筠

许继慎　阮啸仙　何叔衡　佟麟阁　吴运铎　吴焕先

张太雷　张自忠　张学良　张思德　旷继勋　李　白

李　林　李大钊　李公朴　李兆麟　李硕勋　杨　殷

杨子荣　杨开慧　杨虎城　杨靖宇　杨闇公　萧楚女

苏兆征　邹韬奋　陈延年　陈树湘　陈嘉庚　陈潭秋

冼星海　周文雍、陈铁军夫妇　周逸群　明德英　林祥谦

罗亦农　罗忠毅　罗炳辉　郑律成　恽代英　段德昌

贺　英　赵一曼　赵世炎　赵尚志　赵博生　赵登禹

闻一多　埃德加·斯诺　夏明翰　格里戈里·库里申科

狼牙山五壮士　聂　耳　郭俊卿　钱壮飞　黄公略

彭　湃　彭雪枫　董存瑞　董振堂　谢子长　鲁　迅

蔡和森　戴安澜　瞿秋白

前言

每个人的心中都多少有一点英雄情结，都向往英雄、景仰英雄。也正因此，在中华人民共和国建国六十周年之际，由中央十一部委联合组织开展的“100位为新中国成立作出突出贡献的英雄模范人物和100位新中国成立以来感动中国人物”的评选活动中，群众参与投票总数近一亿。这其中的每一张选票，都表达了人们对英雄模范的崇敬之情，寄托着对伟大祖国的美好祝福。

一个民族不能没有英雄,否则这个民族就不会强大。当国家危难之时，懦弱者选择了逃避、妥协甚至投降，英雄们却挺身而出，用热血捍卫民族的尊严，人民的幸福。在创立和建设新中国的伟大历程中，涌现出无数可歌可泣的英雄模范人物。他们之中，有为了民族独立和人民解放而英勇牺牲的革命先烈，有为了党和人民的事业而不懈奋斗的优秀共产党员，有在全民族抗战中顽强奋战、为国捐躯的爱国将士，有英勇杀敌的战斗英雄和革命群众，有积极从事进步活动的著名民主爱国人士和国际友人……他们是民族的脊梁、祖国的骄傲，是激励全体人民团结奋斗的精神力量。

《100位为新中国成立作出突出贡献的英雄模范人物传记》丛书，就像一部星光璀璨的英雄谱，真实、完整地记录了英雄模范人物不平凡的一生，再现了他们非凡的人格魅力和精神世界。“头颅可断腹可剖”的铁血将军杨靖宇,“毫不利己，专门利人”的白求恩,“抗战军人之魂”张自忠，“砍头不要紧”的夏明翰，“俯首甘为孺子牛”的文化斗士鲁迅……一串串闪光的名字，一个个动人的故事，犹如群星闪烁，光耀中华。

如今，战火已熄，硝烟已散，英雄已逝，我们沐浴在和平的幸福之中。在和平年代，人们不会忘记为今日的和平浴血奋战的英雄们，英雄的故事永远不会结束。让我们用英雄的故事唤醒我们心中的激情，为中华民族的伟大复兴而奋斗。

生平简介

邓中夏（1894–1933），男，汉族，湖南省宜章县人，中共党员。

1920 年 10 月参加北京的共产党早期组织。1922 年任中国劳动组合书记部主任。1923 年参加创办上海大学，任教务长。1925 年中华全国总工会成立后，任秘书长兼宣传部长，参与组织领导省港大罢工。大革命失败后，参加党的八七会议，被选为中央临时政治局候补委员。随后，任中共江苏省委书记、中共中央军事部代部长、中共广东省委代书记。1928 年赴莫斯科，任中华全国总工会驻赤色职工国际代表。1930 年回国后被任命为中央代表赴湘鄂西根据地，任湘鄂西特委书记、红二军团（后改为红三军）政委、前敌委员会书记、中央革命军事委员会委员。1932 年到上海任全国赤色互济会总会主任兼党团书记。1933 年 5 月被捕。在狱中，被叛徒供出身份，被押往南京国民党宪兵司令部监狱。他以共产党员的坚定信念和钢铁意志，经受了敌人金钱厚禄的利诱和严刑拷打的考验。他对狱中地下党负责人说："就是把邓中夏的骨头烧成灰，邓中夏还是共产党员。"1933 年 9 月 21 日，他高呼着"中国共产党万岁！"的口号，昂首走向刑场，英勇就义。他生前先后当选为中共第二届、五届中央委员，第三届、六届中央候补委员，中央临时政治局候补委员。

1894-1933

[DENGZHONGXIA]

◀邓中夏

目录 MULU

心照日月浩气存（代序）

邓中夏原名邓隆渤，出生在湖南省宜章县一个官僚地主家庭。是我党早期的一位卓越领导人和杰出的工人运动领袖，又是我党的一位重要理论家和学者。

1901 年，邓中夏入私塾读书。1913 年，以优异成绩考入郴县第七联合中学。1915 年夏，考入湖南高等师范学校文史专修科文科乙班，与蔡和森同学。其间，他受到伦理学教授杨昌济先生新思想的影响。

1917 年夏，邓中夏毕业于湖南高师，又考入北京大学国文系。从此开始了他波澜壮阔，跌宕起伏的革命人生。

由于篇幅所限，邓中夏的诗词基本没有在文中体现，而先烈的铮铮铁骨，正是在这些振聋发聩的豪言中体现出来。于是，我想把先烈的几首诗词节录于此，权作序言，让读者不见其事，先闻其声。

袁世凯的封建统治被全国人民推翻后，邓中夏表达了他的欢快心情，给好友写了一首诗：

岳麓山观雪

瑞雪霏霏四海扬，亿兆苍生庆丰粮。
爱晚亭旁枫树白，云麓宫外梅花芳。
滚滚洞庭翻水浪，巍巍衡山换素装。
可怜奸贼改洪宪，日出霜消转瞬亡。

“五四”那天，邓中夏曾赋诗抒怀：

觉悟的门前，便是刀山剑树，

兄弟姊妹们啊，我们开门呢？

不开门呢？刀山剑树的那头，

便是我们朝夕希冀的地带——光明的愉悦的地带。

兄弟姊妹们啊，我们去呢？不去呢？

强大的号召力，使人振奋，催人向前。邓中夏自己更是身先士卒。

胜　利

哪有斩不除的荆棘?

哪有打不死的豺虎?

哪有推不翻的山岳?

你只须奋斗着,

猛勇的奋斗着;

持续着,

永远的持续着。

胜利就是你的了!

胜利就是你的了!

邓中夏炽热的性格像一团火，映红了党的旗帜，映红了中国工人运动的旗帜。如果用一个词来形容他的一生，那就是"燃烧"。

五四运动先锋

(1894—1919)

风发意气

（0–23 岁）

邓中夏，1894 年出生于湖南宜章县一个破落地主家庭，其父亲中过举人，当过县长，从小入私塾读古书，后入县办小学、衡阳中学，又考入湖南高等师范文史专修科。他是校内兼职的杨昌济老师（杨开慧之父）欣赏的学生。在经常去杨家请教时，结识了第一师范的毛泽东，并经常在一起指点江山，激扬文字。1917 年暑假，邓中夏以优异的成绩考取北大，成为北大中国文学系的本科生。这时他的名字叫邓康。当时北大的校长是蔡元培，1916 年冬他被任命为北京大学校长。蔡元培自幼刻苦学习，青年时就连中举人、进士，后又得翰林。1907 年他在德国留学，研究哲学、文学、美学、心理学等。1911 年武昌起义后回国。孙中山在南京就任大总统时，蔡元培任临时政府教育总长。他到校后的第一次讲演，就号召学生不要追求升官发财，而要认真研究学问。他从全国聘请了许多著名教授学者到北大任教，如陈独秀、李大钊、鲁迅、胡适、刘半农、沈尹默等人，还有一些政治上很保守的人物也被聘为教授，使北大出现“思想自由，兼容并包”、百家争鸣的局面。进步思想在这种自由开明的环境中得到迅速发展和传播。

邓中夏报考北大，就是为了学习新知识，研究新思想，寻找新的救国救民的道路。北大自由清新的思想环境使他如鱼得水。他如饥似渴地阅读各种书籍，那些宣传新思想的书刊更是爱不释手，只要能够找到的他都仔细阅读。北大进步教师多，他经常能听到他们讲课，深受教益。

邓中夏对进步教师非常尊重，对李大钊先生更是推崇备至。他经常向李大钊请教，在李大钊的影响下，他成为北大接受马克思主义最早的青年之一。

邓中夏进入北大不久，伟大的十月社会主义革命爆发了，世界的目光投向了那里，中国的目光投向了那里，北大一批进步教师和学生看到了光明，看到了希望，受到了鼓舞。李大钊是接受十月革命最早的有影响的人物。在 1918 年初，他就开始宣传介绍十月革命的情况。他欢呼十月革命是“庶民的胜利”，是布尔什维克的胜利，是人类全体的新曙光。李大钊为广大青年学生指明了前进的方向。

在李大钊的帮助下，邓中夏利用三个月的时间开始多方收集资料，阅读各种进步书籍杂志，经常陷入深思，他研究俄国十月革命的经验，很快得出了中国革命必须走俄国人的路的结论。他常对朋友说:“只有接受马克思、列宁主义，走苏俄的道路，中国人民才能得救。”

初露锋芒

（24 岁）

段祺瑞政府在 1918 年春派驻日本公使章宗祥与日本政府进行共同反对苏俄的秘密谈判，并于 5 月间与日本政府签订了所谓《中日共同防敌军事协定》。这样日本军队便以“共同防敌”为由，大举入侵我国北方，控制我国东北和蒙古的广大地区。

段祺瑞的卖国行径首先遭到了我国留日学生的坚决反对。5 月中旬，留日学生李达、李汉俊、黄日葵等一千四百多人回到上海，在上海设立了救亡团本部。随后他们与北大学生中的活跃分子邓中夏、许德珩等人取得联系，共同商讨救国行动。5 月 20 日晚，在邓中夏的组织下，北京大学召开学生大会，其他高校的学生也应邀参加。会议开得激动人心，许多学生痛哭流涕。最后全体学生决定与留学生一起行动。

5 月 21 日上午，北京大学、高等工业专门学校的学生两千多人，前往新华门总统府请愿，强烈要求废除《中日共同防敌军事协定》。当时北京政府的大总统是直系军阀冯国璋，冯国璋在接见学生时发现学生思想比较单纯，经验不够丰富，就用花言巧

▷ 北京大学

语欺骗学生，让学生回学校安心读书，政府会改正错误。事实上政府根本没有纠正任何做法，而且不久又与日本签订了这个协定的详细实施办法。学生的爱国行动没有取得实质性胜利。

北京政府的卖国行为和恶劣行径，使邓中夏等爱国学生得到了一次有益的教训，救国仅凭一两次罢课是无法解决问题的，必须把更多的同学组织起来，开展持久的斗争。

邓中夏和部分同学一起组织了学生救国团，天津、上海、南京等地都有了相应的组织。7月，邓中夏等开始与其他一些城市的组织进行联络。经过一个月的沟通，成立了一个全国性的秘密团体——学生救国会。救国会总部设在北京，邓中夏、许德珩等北大学生被推选为负责人。

在军阀统治下，救国会受到很多条件的限制，一时难以开展公开活动，他们决定首先创办一个杂志，向青年进行反帝爱国宣传，为大规模的爱国运动做准备。杂志定名为《国民》，成立了杂志社。

1918年10月18日，《国民》杂志社在北京召开成立大会。北大校长蔡元培和《京报》主编邵飘萍应邀出席。李大钊被聘为杂志社顾问。出版杂志的经费，除向社会募捐外，主要由学生救国会成员分摊，提供经费者均为会员。

由邓中夏负责的杂志筹备工作进展顺利。1919年1月《国民》杂志创刊号在北京出版发行，蔡元培为创刊号写了序言，李大钊等在刊物上发表了文章。由于杂志带有鲜明的时代特征，所发的文章大多以揭露日本帝国主义的罪行，宣传爱国思想为主，很受学生欢迎。

邓中夏是《国民》杂志主要创办人，又是杂志的编辑之一，他经常以“大壑”为笔名，对国内外大事进行评述。创刊后的三期杂志中，邓中夏就先后发表了《欧洲和议吾国委员之派遣》、《国防军与日本》、《中日新外交》等八篇文章，揭露了日本帝国主义收买北洋军阀，控制我国军事、财政大权，侵占我国领土的狼子野心。也揭露了军阀头子段祺瑞为扩张地盘而出卖国家利益的滔天罪行。

在出版杂志的过程中，他发现杂志的阅读群体基本以学生和知识分子为主，宣传的面还有一定的局限性。中国是政治、经济都很落后的国家，工人农民占绝大多数比例，只有他们觉悟起来，爱国救国才不会是一句空话。他们识字不多，阅读杂志有一定的困难，还需要新的方式或渠道来解决这个问题。

在此期间，邓中夏曾接到湖南老同学熊光楚的信，说毕业回乡，亲见农民由于缺乏文化知识，而“饱受痛苦”。这更坚定了邓中夏

▷ 平民教育讲演团街头讲演

的决心。

邓中夏和一些进步学生在校长蔡元培的支持下，在北京大学办起“校役夜班”教平民识字和宣传国内外时政大事。

1917 年 3 月 7 日，以邓中夏为发起人，以少中、新潮、国民三大社团成员为主体，平民教育演讲团在《北京大学日刊》上宣告成立。

他们在《北京大学日刊》上，刊登了《北京大学平民教育讲演团征集团员启》和《北京大学平民教育讲演团简章》。指出：本团“以增进平民知识，唤起平民之自觉心为宗旨”。教育活动采取露天讲演方式进行，“讲演分为定期与不定期两种”，定期讲演“每月四次”；不定期讲演，则根据需要在假期和重大节日进行。

讲演团章程和招收团员启事公布后，很快得到许多同学的响应，十多天内就有三十多人向邓中夏报了名。

4 月 3 日，在“黄沙满天，不堪张目”的清晨，一群学生步行到东便门蟠桃宫附近，由此开始了持续六年、多达几千场的街头演讲。这一天，廖书仓宣示《平民教育演讲之意义》后，易克嶷发表了《如何求幸福》的演讲，罗家伦发表了《改良家庭》的演讲，许德珩发表了《勤劳与知识》的演讲，等等。之后讲演团又在地安门外护国寺开辟新的讲演场所。

由于北京大学平民教育讲演团的演讲活动得到各阶层人民的普遍重视和赞扬，北京高等师范等校也相继组织了平民教育讲演团，对劳动群众进行露天演讲。

1921 年之前，邓中夏一直是讲演团的实际负责人。通过组织和领导讲演活动，邓中夏进一步了解了劳动人民，锻炼了宣传和组织才能。《国民》杂志和平民讲演团提高了群众的觉悟，为五四运动的爆发作了思想准备，为推动五四运动发挥了无可估量的作用。

站在前列

（25 岁）

1914 年，第一次世界大战爆发，日本借口对德宣战，攻占青岛和胶济铁路全线，控制了山东省，夺取德国在山东强占的各种权益。1918 年大战结束，德国战败。1919 年 1 月 18 日，战胜国在巴黎召开“和平会议”。北京政府和广州军政府联合组成中国代表团，以战胜国身份参加和会，提出取消列强在华的各项特权，取消日本帝国主义与袁世凯订立的“二十一条”不平等条约，归还大战期间日本从德国手中夺去的山东各项权利等要求。巴黎和会在帝国主义列强操纵下，不但拒绝中国的要求，而且在对德和约上，明文规定把德国在山东的特权，全部转让给日本。北洋政府竟准备在“合约”上签字，从而激起了中国人民的强烈反对。

5月1日，中国外交失败的消息传到了北京。这一消息如同晴天霹雳，引起人们极大的震惊和愤怒。邓中夏等当天下午就召集《国民》杂志社的各校学生代表，在北京大学西斋饭厅召开紧急会议，讨论对付办法。会上决定以《国民》杂志社的名义，通告北大全体同学，于5月3日（星期六）晚，在北河沿北大法科大礼堂举行全体学生大会，并邀请高师、工专、农专、法专等校同学的代表参加。5月3日早晨，北京所有报纸都报道了中国外交失败的消息，人们的情绪更加激愤。晚7时，北大学生在北河沿法科大礼堂按时召开会议，北京其他各校也派代表参加了大会。《国民》杂志社、新潮社、平民教育讲演团的领导人邓中夏主持了这次会议。大会首先请北京新闻界人士报告巴黎和会中国外交失败的原委，接着由北大各社团代表和学生代表演说。他们的演说慷慨激昂，悲愤填膺，声泪俱下，感人肺腑。会议最后作出四项决议：“（一）联合各界一致力争；（二）通电巴黎专使坚持不签字；（三）通电各省于五月七日国耻纪念日举行游行示威运动；（四）定于星期日（即四日）齐集天安门举行学界之大示威。”

5月4日下午1时许，北京十三所高等学校的学生三千多人，从四面八方陆续汇集天安门。他们打出“誓死力争，还我青岛”、“收回山东权利”、“拒绝在巴黎和会上签字”、“废除二十一条”、“抵制日货”、“宁肯玉碎，勿为瓦全”、“外争主权，内除国贼”等口号，北京大学的队伍出发后，被北京政府教育部的代表（次长）和警察阻拦。邓中夏、黄日葵等学生代表与教育部的代表展开辩论，终于突破阻拦，急速向天安门进发。北大学生队伍到达天安门后，随即举行会议。大会通过了由北大学生起草的《北京学生界宣言》，接着就开始游行。游行过程中，因火烧卖国贼曹汝霖的公馆赵家楼，北洋军阀政府出动大批军警，捕去学生三十多人。

邓中夏得知三十多名学生被军警逮捕后，立即和李大钊及各学生社团负责人作了研究，一面将情况报告蔡元培校长，请其设法营救被捕学生；一面决定立即把全校同学组织起来，准备斗争。当晚，北大学生便成立了干事会。干事会分设总务、文书、交际、纠察、演讲等股。《国民》杂志社、新潮社、平民教育讲演团的成员积极参加了干事会的工作。邓中夏直接负责领导文书股。文书股是个宣传机构，主要任务是对外宣传，负责编辑、出版《五七》小报。

5月5日，北京各大专院校学生全部罢课。从这天起，邓中夏领导的北大平民教育讲演团开始奔赴各处发表演讲，演讲的题目有“青岛交涉失败之原因”、“争回青岛”、“日本的野心和中国救亡的法子”等等。在北大平民教育讲演团影响下，各校也迅速组织了讲演团。“到了5月7日以后，北京学校自中学到大学没有一个不组织讲演团”，而且各讲演团演讲的内容，“总不离‘抵制日货’、‘争回青岛’那些话”。

5月6日，北京中等以上学校学生联合会成立，邓中夏被选为该会总务干事，是主要负责人之一。运动在发展着、扩大着。5月中旬，邓中夏代表北京学生联合会前往长沙，向湖南学生介绍北京

▷ 北京游行示威的学生

学生的斗争情况，要求支援。他还和毛泽东等人商讨了如何组织湖南学生联合会等问题。这次邓中夏代表北京学联来湖南活动，受到了毛泽东等的热烈欢迎与密切配合，老朋友见面格外亲热，但因北京的爱国运动形势紧张，斗争尖锐，需要他回去，下旬邓中夏又匆匆离开长沙，赶回北京。

6月1日，北京政府以大总统名义接连下了两道荒谬的命令。一道命令是为曹汝霖、陆宗舆、章宗祥卖国贼辩护，一道命令是再次要求学生停止爱国活动，立即复课。同时，反动军警在北京街头逮捕了许多推销国货的爱国学生。这一切，更加激起了广大学生的义愤。学联召开会议，决定从6月3日起恢复街头演讲。为了适应新的斗争形势的需要，邓中夏等又扩大了北京大学平民教育讲演团。6月3日上午，北大等校学生两千余人，高举讲演团大旗，分赴各处展开爱国宣传活动。

学生们的爱国活动遭到北京军警当局的镇压，当天就被捕去一百七十多人。可是反动派的倒行逆施没有吓倒爱国学生。6月3日晚，学联召开紧急会议，决定各校继续派学生上街演说，每校每批五十人。结果，4日一天内，又有七百多名学生被反动军警拘捕，“到5日上午，抓去的学生约有一千多人”。

北京政府镇压爱国学生的残暴行径，更加激起了全国人民的愤怒。从6月5日起，上海六七万工人举行大罢工，同时学生罢课，商人罢市。在上海的影响下，天津和北京的工人也准备举行大罢工。北京政府对此十分惊恐，为了缓和人民的情绪，不得不在6月10日下令释放全国被捕学生。同时免除卖国贼曹汝霖、陆宗舆、章宗祥的职务。在全国人民的压力下，后来出席巴黎和会的中国代表也拒绝在和约上签字，从而使这场伟大的反帝反封建的五四爱国运动取得了胜利。

邓中夏通过《国民》杂志社、平民教育讲演团和北京市学生联合会为五四爱国运动的爆发和发展做了大量的工作，始终站在斗争的第一线，为这场运动的胜利，作出了贡献。

传播马列主义

（1919—1921）

曦园精进

（26–27 岁）

五四运动结束后，有的学生出国了，有的同学埋头读书了。邓中夏依然保持高昂的斗志，五四运动并没有解决根本问题，他开始研究马克思列宁主义，寻找更好的救国之路。

1919 年暑假，邓中夏与罗章龙、易克嶷、杨东莼、马非百等十几位同学发起了一个类似“共产主义”的小团体。他们在黄城根达教胡同 4 号一个租来的大院里住下来。凡是在这里住下的人，都要过一种新的生活。大家共同制定学习公约和生活公约。公约规定，由大伙凑钱，集体购买新出版的书籍，订阅进步报刊。邓中夏给公寓起名叫“曦园”，意思是说，住在这里的年轻人，一定要像晨曦一样朝气蓬勃。

居住曦园期间，邓中夏与毛泽东有着密切的交往。当时，毛泽东曾把实验主义列为近代思想变革的标志之一。他计划筹组一个问题研究会，并起草了章程，于 9 月 1 日发向各地。邓中夏于 10 月份收到毛泽东从长沙寄来的十多份《问题研究会章程》。《章程》提出了需要研究的 71 项问题，涉及政治、经济、历史、国际、技术等许多方面。毛泽东在《章程》中还着重指出：

对这些问题的研究，应以学理为依据；研究各种问题之先，须特别研究各种有关的主义。邓中夏完全赞同毛泽东的主张，经常拿出来与同学一起讨论，同学纷纷向其索要，没几天，《章程》只剩一份了，要的人仍不少。邓中夏便把《章程》在 1919 年 10 月 23 日的《北京大学日刊》上刊出，并附启事说："我的朋友毛君泽东，从长沙寄来问题研究会章程十余张。在北京的朋友看了都说很好，有研究的必要，各向我要了一份去。现在我只剩下一份，要的人还不少，我就借本校日刊登出，以答关心现代问题解决的诸君的雅意。"

1920 年，一些早期接受先进思想的同学邓中夏和范鸿劼、黄日葵、朱务善等，在李大钊的实际领导之下，组织了马克思学说研究会。为了避免反动政府的干扰，不用"主义"二字而用"学说"二字，可说是策略。蔡元培还特为其拨了第二院西南角最僻静的一个教室作为会所。因李大钊很忙，实际的具体会务都由邓中夏负责。那时曦园即作为研究会经常活动的场所。他备有许多关于政治经济及社会主义的书籍杂志和各种报纸，定期举行读书会，由指定的会员宣读指定的重要文件或论文，并提出意见，让大家静听后也各自发表意见。

1920 年 10 月，在李大钊的办公室，北京共产主义小组正式成立，最初的成员有李大钊、张申府、张国焘，邓中夏等。11 月底小组举行会议，决定命名为中国共产党北京支部，李大钊被推选为书记，张国焘负责组织工作，罗章龙负责宣传工作。小组成立初期，出现了共产主义者与无政府主义者的严重分歧，经争论，无政府主义者退出。

接着，在湖南、湖北、山东、广东等地相继建立了共产主义小组，同时在法国和日本也由留学生中的先进分子组成了共产主义小组。

1921 年 6 月，根据共产国际代表马林的建议，上海共产主义小组通知各地共产主义小组派两名代表到上海参加党的第一次全国代

◁ 李大钊

表大会。

邓中夏是北京共产主义小组的重要成员，同志们曾推选他到上海参加“一大”，但当时邓中夏忙于筹备少年中国学会在南京的一次重要会议，最后决定派了张国焘和刘仁静。

邓中夏虽然未能作为代表出席党的“一大”，但在李大钊的嘱托下，7月4日南京会议一结束，他就赶往上海，参加了“一大”会议的筹备工作。就在大会开幕前，邓中夏离开上海，乘轮船前往重庆夏令营讲学。

1920年秋，邓中夏以优异的成绩在北京大学中国文学系毕业。邓中夏的父亲是清朝举人，辛亥革命后，当过省参议员、县长。他几经周折，在北洋军政府农商部给邓中夏找到一个待遇优厚的美差。“委任状”送来时，他非常高兴，但却被邓中夏退了回去。当他质问儿子为何要把“委任状”退回时，邓中夏说：“我不做官。做官的人，都是对老百姓敲骨吸髓的。当这个官有什么意思！”邓中夏还和乡亲们说："我要做公仆，我要联合同志，做到人人有饭吃，个个过富裕生活。我的目的要为广大群众谋福利，绝不自私自利为个人单独谋财。"父子俩争吵了一番，不欢而散。此后邓中夏就和家庭完全断绝了经济关系。

1921年春，为了传播新思想、新文化，促进保定地区青年运动的开展，邓中夏应聘到保定直隶高等师范国文课担任了一段时间的"新文学教授"。

邓中夏到保定后，受到保定高师教职工，特别是学生的热烈欢迎。他们认为邓中夏不仅是他们的理想老师，也是自己最好的学习榜样。

育德中学进步学生安志诚、王锡疆等组成的"文学研究会"邀邓中夏到育德中学讲社会与文学问题，促进了育德中学研究革命理论的热潮。

随后，育德中学成立了社会问题研究会，研究马列主义及社会改造问题。北大教授何孟雄和青年教师施天伟等亦先后来到保定，在育德、女二师任教，公开宣讲《共产党宣言》和十月革命的伟大意义。邓中夏同志还帮助育德中学建起了"书报贩卖部"，向各校进步学生售马列著作和革命书刊。

10月，在邓中夏同志的关怀下，保定建立了社会主义青年团，简称SY，后改共青团，称CY。当时入团的有高等师范张毅先、王新帮、阎仲拥、余世清，育德中学的王锡疆、安志诚、杨其刚。高师、育德的团组织在一起，由张毅先和安志诚负责，受邓中夏同志的直接领导，并同上海的临时团中央建立了联系。

邓中夏每周在高师授课四小时，由于北京仍有繁忙的工作，他只能住在曦园，每次上课前一天从北京乘火车到保定，上完课又匆匆赶回北京。1921 年 6 月，三个月以后，邓中夏因工作太忙，无暇再到保定教书，辞去了高师的教授职务。

1922 年，高师、育德、保定军校、铁路、第二师范等单位，建立了团组织。5 月，张毅先、王仲强（王锡疆）代表保定团组织，出席了在广州召开的第一次全国团代会。6 月底回到保定，在育德中学礼堂，召开全市团员大会，传达了团代会文件，重新改组了保定的团组织，选出了保定市 SY 团执行委员会，王仲强同志担任书记。

暑假后，王仲强同志去北京，由邓中夏同志介绍参加了中国共产党，成为保定的第一名党员。同年 11 月，邓中夏同志派王仲强返保发展党员，建立党的组织。杨其刚、安志诚等同志光荣地参加了中国共产党。

创建学会

（27 岁）

少年中国学会是五四时期李大钊、王光祈等人发起建立的一个由知识分子组成的全国性进步社团。除了在北京设立总会外，还在南京、成都和巴黎设立分会。1919 年 7 月，邓中夏经李大钊介绍，参加了少年中国学会，并被选为庶务股主任。1920 年 7 月，又被

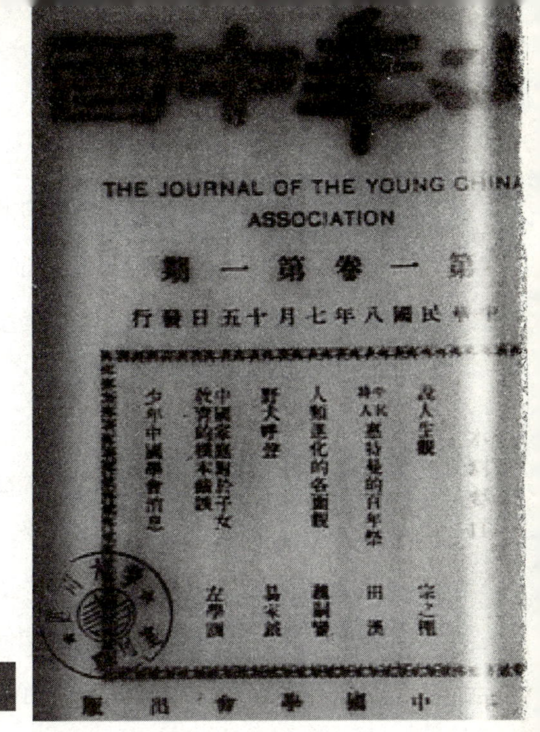
THE JOURNAL OF THE YOUNG CHINA ASSOCIATION

第一卷第一期

國八年七月十五日發行

說人生觀　宗之櫆

平民詩人惠特曼的百年祭　田漢

人類進化的各面觀　魏嗣鑾

野人呼聲　易家鉞

中國家庭對於子女教育的根本錯誤　左學訓

少年中國學會消息

中國學會出版

▷ 少年中国学会杂志《少年中国》

选为学会执行部副主任。邓中夏对该学会寄予厚望，介绍挚友毛泽东、恽代英等人参加。少年中国学会创办了《少年中国》和《少年世界》两个杂志，邓中夏为《少年世界》负责人之一。

李大钊尽量想把学会改造成马克思主义学术团体，反复申明了这样的观点，即少年中国学会有标明自己信仰的主义的必要。

他说：学会初创之时，“原系研究学问团体，思想须极自由，主义自不一致”。但是经过两年时间，“世界思潮既有显然之倾向，而国内应时发生之无数小团体，亦莫不各有鲜明之旗帜；本会同仁已经两载之切实研究，对内对外似均有标明本会主义之必要”。因为“主义不明，对内既不足以齐一全体之心志，对外尤不足与人为联合之行动”。

李大钊的这一号召得到邓中夏的积极响应和全力支持。12月，执行部主任陈愚生因赴川工作而离京，就由邓中夏代理主任职务。

1921年2月19日，邓中夏主持了在北大图书馆主任办公室召开的少年中国学会部分北京会员会议，专门讨论了“主义”问题。在《少年中国》杂志第2卷第9期上，刊登了这次会议的决定：“本会虽定有宗旨曰：本科学的精神，为社会的活动，以创造少年中国。会员间有觉得太空泛了，拟选择一种主义以充实之，庶乃精神贯注，成效可期。”会议还提出，学会将于本年7月在南京召开年会，应就“主义”问题加以讨论，以期使全体会员就此达成共识。因考虑到“如会员间不先事研究，为之预备，则届时必讨论不出一个道理来”，所以决定，在一至两个月内，“先将各种主义精心研究，并一面邀请深知社会主义者到会讲演”，待“过二三月后，由会员开讨论会数次，稍稍决定采取之趋向，以备南京大会开会时提出”。

1921年6月17日，邓中夏、黄日葵等11人又聚于中央公园来今雨轩。邓中夏主持会议，他力主“学会有采用一种主义的必要，而且不可不为社会主义”。但与会人员的意见不尽一致，有人认为，学会的主义就是“创造少年中国”，既不应是国家主义的，也绝不是社会主义的；也有人认为，人类社会生活是复杂的，不能用一种主义概括，因此不能只信仰一种主义；还有人认为，少年中国学会既然是学会，那么“所有一切主义均在我们研究讨论之列”。

1921年7月1日至4日，少年中国学会在南京鸡鸣寺、玄武湖等地召开年会，到会会员23人。会议集中讨论了“宗旨主义问题”。参加这次年会的邓中夏、高君宇、刘仁静、黄日葵、张闻天、恽代英、沈泽民等主张将马克思主义作为指导学会活动的“主义”，邓中夏更是其中的主将。各种观点在会议上展开了激烈的辩论。邓中夏在 7 月 2 日一天的会议上，先后做了四次发言，明确地表示自己赞成共产主义学说。

邓中夏认为："为决定二者缓急先后，学会应有共同的目的为标准，故必采取或创造一种主义，以为学会的主义。"他回顾了学会自创建以来三年多的历史，说："学会以往的对社会无甚效力，都因无共同主义之故。必须规定了主义，大家求学、做事才不误入歧途；才便于分工互助；向外旗帜明显，易结同志团体；所谓失节堕落，亦才有个标准，于人格保险能真有效力。这都是有了共同主义的好处。"

邓中夏在发言中，还力图以马克思主义的唯物史观为指导，从经济基础入手分析中国社会。他说："中国内乱的最大原因都生于经济混乱，故必须早解决经济问题。这所以亟须于经济方面求一种共同主义，这是创造少年中国必要的第一步。"他从阶级分析的观点出发，尖锐地指出：目前主义之争，其实就是第三阶级（资产阶级）与第四阶级（无产阶级）之争，是主张私产或共产之争。"在这个问题上态度具体表明了，然后多方面的活动，可以趋向一致。"否则，发展教育、文学、实业，便都没有一个正确的方向，教育可能成为"预备非人的场所"；文学可能成为"徒供富贵人的玩赏"；实业则可能培养出一班后起的资本家。

高君宇、刘仁静、黄日葵等在会上都发表了赞成邓中夏观点的意见，但仍有不少会员持不同的意见。邓中夏也表示："我亦不是急于求决议，今天便要定出一种共同主义。但以为必须从今天注意这问题，研究时局，以长期的考虑，求将来有一种规定。"

经过数天激烈的讨论，虽然学会并未就确立马克思主义作为指导思想这一点达成一致，但是，邓中夏等人宣传了自己的观点，展示了自己的阵容，对争取一部分处于中间状态的会员觉醒，无疑起到了很大的作用。记录会议发言的《南京大会纪略》在《少年中国》杂志上发表，其影响大大越出了南京会议本身，甚至越出了少年中国学会的圈子，对当时国内思想界和广大进步青年都产生了良好的效应。

南京大会之后，邓中夏受少年中国学会四川会员的邀请，偕同张闻天、沈泽民、杨贤江等会员赴重庆等地讲学。邓中夏利用讲学和与师生谈话的机会，宣传了革命思想，播下了革命种子。在这期间，高君宇、黄日葵、刘仁静、杨钟健、苏演存、陈仲瑜等 6 名会员，聚会于北大地质研究所，一致赞成在北京会员中组织一个"社会主义研究会"，并推举邓中夏为负责人。

1921 年 11 月 13 日，邓中夏由四川回京，在 16 日召开的学会常会上，他以"少年中国学会社会主义研究会"书记的名义，提交了一份研究计划。计划包括两部分：研究方法和研究题目。

在研究方法中，他提出了"开会讨论"、"通讯讨论"和"公开讲演"三项，并注明"先由北京试办起"，言外之意是说，取得经验以后，向全国其他分会推广。

在研究题目中，邓中夏先列表说明了各种社会主义派别之间的关系，然后开列了"马克思社会主义（1. 唯物史观；2. 阶级战争；3. 剩余价值；4. 无产阶级专政）"、"布尔什维克"、"第三国际共产党"、"社会主义发达史”、“社会主义运动之现状”、“德谟克拉西与社会主义”、“中国救亡与社会主义”等15个题目，其中也包括对无政府主义、工团主义、基尔特社会主义和修正主义的研究。

1922年7月2日至3日，少年中国学会在杭州西湖召开第三次年会。从上年南京大会以来，国际国内形势发生了很大的变化。一方面，资本主义九国列强召开了“华盛顿会议”。会议接受了美国提出的各国在华“机会均等”和中国对外实行“门户开放”的提议，中国又回到列强共管的局面。从此，以不同帝国主义为背景的各派军阀又混乱不已。1922年春,直奉大战爆发。在外有帝国主义压迫，内有军阀混战的双重摧残下，曾一度得到发展的民族工商业步履维艰，城市小资产阶级大量破产，工农大众更是处在水深火热之中。另一方面，列宁领导的共产国际，于

△ 1919年正式成立少年中国学会

1922年1月在莫斯科召开了远东各国共产党及民族革命团体第一次代表大会，中国共产党、中国国民党和少年中国学会的代表都参加了大会。大会决议指出，中国当前的任务就是要反对帝国主义和封建军阀，进行反帝反封建的民族民主革命。中国共产党代表回国后立即着手准备制定关于民主革命的纲领。

少年中国学会的杭州大会就是在这一背景下召开的。共产国际关于中国民主革命的决议，在会上得到一定程度的反映。邓中夏虽然没有参加这次会议，但他与李大钊、黄日葵、刘仁静等6人共同署名的题为《北京同仁提案——为革命的德谟克拉西》由高君宇等带到了会上。

李大钊、邓中夏等人的《提案》列举了帝国主义和封建军阀压迫中国人民的严酷事实，尖锐地指出："我们认为这种社会，不是以空泛的道德目标和不实用的科学常识所能征服的。""只有铲除国内的督军制和国外帝国主义这二重障碍"，中国才能解除苦难。而要铲除这二重障碍，就"只有引导被压迫民众为有目的的政治斗争"，而"希望以社会运动教育全体人民，待全体人民觉悟后再谋政治运动，推翻恶政府，这点是永远不可能实现的幻想"。

李大钊、邓中夏等人具有鲜明革命性的提案，对这次会议起了良好的引导作用。大会最后通过了《对于时局的态度》的决议案，指出："对外反对帝国主义的侵略；对内谋军阀势力的推翻。为实现此种目的，本会用舆论及其他方法，为独立的活动。同时国内外任何团体，凡实际上能作此种民治主义的革命运动者，本会于必要时得与以相当的协力。"这说明李大钊、邓中夏等人的观点得到了与会大多数的认同，应该说这是少年中国学会的一个进步。

杭州大会闭幕之后不久，由邓中夏主编的北京社会主义青年团机关报——《先驱》，特为此发表了一篇题为《少年中国学会最近的进步》的文章，对这次会议的结果给予了肯定。

1923年10月在苏州召开了第四次年会，邓中夏在大会上作了“关于社会运动”问题的报告。决定“为了发展会务的需要”，将总会迁至南京。会议还通过了《苏州大会宣言》。

团的创建

☆☆☆☆☆

（27岁）

1920年8月社会主义青年团在上海建立。同年11月，在李大钊、邓中夏等人指导下，北京社会主义青年团宣告成立。

之后的一段时间，吸收团员的质量不高，对团员的思想教育也很薄弱，加上团内大批领导骨干纷纷离开北京，团组织处于瘫痪状态。

1921年11月26日，在北京大学第二院北楼召开了恢复青年团组织的大会。大家推举邓中夏参加团章的修改，后又将他推选为北京团组织的负责人。

北京团组织恢复后，邓中夏非常重视团员的思想教育工作。他亲自创办了北京团组织的机关刊物《先驱》，并担任主编。《先驱》半月刊把宣传马克思列宁主义理论，介绍各国社会主义运动成绩作为自己的任务。

邓中夏办《先驱》付出了巨大的心血。从约稿、改稿、校对到发行均由他一人负责。由于办得出色，只出了三期就遭到了北京军阀政府的禁止。该刊从第四期起，作为团中央的刊物，在上海出版发行。

1922年5月，中国社会主义青年团在广州召开第一次全国代表大会，邓中夏以北京负责人的身份出席了这次大会，并在会上报告了北京社会主义青年团的工作情况。团的一大结束后，邓中夏到上海出席了中国共产党第二次全国代表大会，会后回到北京，领导中共劳动组合书记部，同时仍然负责北京团组织的工作。

1923年8月20日，在邓中夏等同志的主持下，中国社会主义青年团在南京召开了第二次全国代表大会。大会认真研究了今后的工作，通过了关于“青年工人运动”、“学生运动”、“农民运动”、“青年妇女运动”工作等一系列决议案。选举了中央执行委员会，决定组织临时中央局，推选邓中夏任委员长，负责主持团的全面工作。“二大”开得很成功，是我国青年团早期历史上的一次重要会议。

邓中夏为选为团中央委员长后，因为他当时在上海大学负担着繁重的工作，又正在恢复上海的工人运动，实在没有时间抓团的全面工作，不久经党中央同意，委员长改由其他同志担任。但因团组织需要调整，邓中夏仍兼任组织部主任直至团的“三大”召开。在1925年1月召开的团的“三大”会议上，中国社会主义青年团更名为中国共产主义青年团。

领导全国工运

（1921—1923）

㊀ 建立工人组织

☆☆☆☆☆

（27–28 岁）

铁路工人受帝国主义和封建军阀的双重压迫，他们每天工作十小时，却拿很低的工资，并且大部分没有星期休息制度。一个月内仅在初一与十五休息两天，还得扣除工资；一旦有病、出工伤，工资一律停发，而且随时都有被辞退的可能。本想以勤勤恳恳工作来养家糊口的工人们，一年到头辛苦工作，基本的生活甚至生命却没有任何保障。因此，京汉铁路工人对帝国主义和封建军阀统治怀有极大的仇恨。

1920 年 3 月，一队青年学生打着“北京大学平民教育演讲团”的旗帜，来到长辛店工人当中，与他们交朋友，在工人群众中进行马列主义的宣传活动，深受工人群众的欢迎。

这年冬天，邓中夏来到长辛店工人中住了下来。他这次来是受北京共产主义小组的委派，以提倡平民教育为名，开办劳动补习学校，启发工人的阶级觉悟，进一步开展组织工人进行斗争的革命工作。

1921 年 1 月 5 日，在长辛店大街当铺口胡同的三间平房里，劳动补习学校正式开课了。邓中夏挑选教师，以北京大学学生会的名义，派北京大学学生王铮、吴容沧来劳动补习学校当长驻教员。李大钊也常去讲课。他们讲课很有耐心，又能深入工人群众，与他们打成一片，所以工人入学的很多。渐渐地，劳动补习学校成了工人们的家。他们在这里看报纸杂志，向老师请教新思想、新知识，大家一起讨论工人的生活处境等等。很快，铁路工人的觉悟有了很大的提高。转眼间，劳动补习学校已开办四个月了，工人们都要求组织起来。

邓中夏认为，成立工会的时机成熟了。他同大家商量，决定在5月1日召开纪念五一国际劳动节的大会，在会上宣布成立工会。5月1日清晨，工人们换上干净衣服，成群结队来到娘娘宫会场，上千人把会场挤得满满的。工人陶善琮宣布大会开始后，劳动补习学校的学生排成整齐的队伍，唱起了《五一纪念歌》。接着，陶善琮发表演讲，宣布成立工会。他说："我们组织工会，就是要团结起来，跟压迫我们的军阀、总管、工头们斗！"会后，一千多名工人举着写有"工会成立了！""我们的仇敌是不劳而食的人！"的小旗，高呼"劳工万岁！"的口号，走出娘娘宫，在大街上示威游行。街道两旁、屋顶上、墙头上，全是观看游行的人。

长辛店工会是北京共产主义小组领导工人组织的第一个工会。长辛店工会成立以后，由于吸收了一些工人痛恨的工头参加，所以工人参加工会不很踊跃。邓中夏从实践中意识到：工人、工头都可参加的工会，不受工人欢迎，要进行整顿。他和史文彬、王俊等人商量后，决定取消原来的工会，改名叫"工人俱乐部"，体现出这是工人的组织，把那些工头、路警全部清除出去。这样，长辛店工人俱乐部诞生了。见义勇为、关心他人的铁匠史文彬众望所归，当选为长辛店工人俱乐部委员长。

1921年10月20日，史文彬召集长辛店机器厂、修车厂、工务厂会员代表五十多人举行联席会议，宣布把工会改为长辛店工人俱乐部。在中国共产党的积极领导下，在长辛店工人斗争的影响下，京汉铁路沿线各大车站的工人俱乐部，像雨后春笋般地成立起来了。到1922年春天，已经有十四个站都先后成立了工人俱乐部。1922年1月22日，京汉铁路最南端的江岸工人俱乐部挂牌成立。4月9日，由长辛店工人俱乐部发起，在长辛店举行京汉铁路总工会第一次筹备会议，会议决定用三个月的时间，对全路各站的工人俱乐部进行整顿，发展和健全基层组织，以确定京汉铁路总工会的雏形。在这次会上，京汉铁路总工会筹备会宣告成立，江岸工人俱乐部委员长杨德甫担任筹备会主任。

1922年8月10日，京汉铁路总工会筹备会在郑州举行第二次会议。会议决定正式成立京汉铁路总工会筹备委员会，在京汉铁路总工会成立大会未开之前，由筹备委员会行使总工会职权；各站的工人俱乐部要改组为京汉铁路总工会分工会。会议经过讨论，任命杨德甫任京汉铁路总工会筹委会委员长，史文彬、凌楚藩任副委员长，项英任总干事，李震瀛任秘书。

到这时，京汉铁路总工会筹委会实际上已经负起了总工会的责任。

1922年7月，中国劳动组合书记部被上海租界工部局查封。中共中央决定，中国劳动组合书记部迁址北京。这样，已是劳动组合书记部总部主任的邓中夏又回到北京，并直接指导长辛店铁路工人的斗争。

一天，邓中夏又来到长辛店工人俱乐部，听取了副委员长史文彬对工人运动的汇报。他们商量，要继续发动大家起来斗争。他们决定，先让大家讨论：工人最大的痛苦是什么？希望怎样解决？

这个问题一提出，多年积压在工人们心中的怒火，就像火山爆发似的喷射出来。他们首先提出要求除掉罪大恶极的工头郭福祥等“五霸”。

其次，大家提出“短牌”（临时工）和“长牌”（长工）的问题，有的人讨论时声泪俱下，很是感人。

史文彬将这些要求归纳成九条，主要内容有：开除“五霸”；“短牌”改“长牌”；北段自9月起、中段自10月起、南段自11月起，工人每日加薪一角；俱乐部有推荐工人之权，等等。这些要求以长辛店工人俱乐部的名义，写成呈文递送给京汉铁路管理局。

一天、两天……一个月过去了，俱乐部仍没有得到答复。怎么办？邓中夏要求工人俱乐部组织纠察队、讲演团、调查团，做好罢工斗争的准备。1922年8月22日，工人俱乐部向京汉铁路管理局局长赵继贤下了“最后通牒”，限他24小时之内给予答复，否则罢工。

▷ 京汉铁路总工会遗址

◁ 北京长辛店补习学校旧址

收到“最后通牒”，铁路管理局一面答应在23日给予圆满的答复，一面继续采取置之不理的办法，他们认为工人是闹不出什么名堂来的。这下更惹恼了铁路工人。8月23日夜，长辛店工人俱乐部内灯光通明，一百多名工人聚集在这里开会。邓中夏朗声说道：“工友们！路局到现在还不答复我们的要求。他们以为我们像以前一样，只知像牛马一样地替他们干活，忍辱负重，这次也不会怎么着。因此，对我们的要求置之不理。我们答应吗？”“不答应！不答应！”工人一齐高呼。“好！为了达到目的，我们决定罢工。这不仅是为了长辛店工人的利益，也是为了全路两万多人的利益。我们一定要团结一致，争取罢工斗争的胜利！”

8月24日清晨，汽笛长鸣，响彻云霄。长辛店铁路工人罢工开始。

“纠察队”的红旗在长辛店站迎风飘扬。以队长葛树贵为首的纠察队员站在铁道上，拦截着一列列南来北往的火车。

三千多人参加了这次罢工斗争。

这时，又有消息传到赵继贤耳朵里：南段各站也准备举行罢工响应！赵继贤生怕罢工扩大到全路，造成更大的损失，被迫答应了工人提出的九项要求。罢工坚持两天，最后取得了胜利。8月26日，俱乐部宣布正式复工。

1922年8月27日，在长辛店娘娘宫，三千多名工人会聚一堂，举行庆祝罢工胜利的大会。

邓中夏面对情绪高涨的工人群众，激动地说："工友们！兄弟、父老、姊妹们！在这次罢工斗争中，大家表现了良好的组织性、纪律性以及不怕牺牲、勇往直前的精神，这种精神将鼓舞我们继续前进！"

这次八月罢工，虽然只限于长辛店一站，但影响却很大，极大地鼓舞了铁路工人团结斗争的决心和勇气。

参加全国两会

☆☆☆☆☆

（28岁）

为了便于领导工人运动，党在上海成立了公开从事工人运动的总机关——中国劳动组合书记部。书记部主任是张国焘，邓中夏也是书记部负责人之一。

1922年4月，为了统一领导全国的工人运动，党通过中国劳动组合书记部等单位发起，决定在广州召

◁ 中国共产党第二次全国代表大会的会址

开第一次全国劳动大会。

1922 年 5 月，中国劳动组合书记部在广州召开了第一次全国劳动大会，出席会议的有来自 12 个城市的 173 人，他们中比较著名的人物有：中国劳动组合书记部代表李启汉，京奉铁路工会代表邓培，香港海员工会代表苏兆征、陈炳生、林伟民，上海海员工会代表朱宝庭，广东机器工会代表黄焕庭等。邓中夏代表京汉铁路工会出席了会议。

这次大会开了六天，邓中夏提出了《工会组织原则案》。大会通过了《全国劳动大会第一次会议宣言》。《宣言》分析了中国工人阶级遭受痛苦的根源以及摆脱痛苦的道路，号召全国工人阶级即刻联合起来，组成强固的紧密的阵线，与资产阶级和压迫阶级进行斗争。

第一次全国劳动大会后，全国各地普遍掀起罢工运动。

1922 年 7 月，中国共产党第二次代表大会在上海召开。邓中夏以正式代表的身份出席了这次大会。到会代表有陈独秀、张国焘、李达、邓中夏等 12 人。会议从 16 日开始，至 23 日结束。共开了八天。在这次会议上，邓中夏和与会同志一道，根据列宁关于民族和殖民地革命的理论，结合中国实际情况，认真地讨论了中国革命的基本问题，制定通过了著名的《中国共产党第二次代表大会宣言》及一系列决议。

大会根据世界革命形势和中国政治经济状况，制定了党的最高纲领和最低纲领。大会宣言指出，中国共产党是中国无产阶级政党，它的目的是要组织无产阶级，用阶级斗争的手段，建立劳农专政的政治，铲除私有财产制度，渐次达到一个共产主义的社会。这是党的最终奋斗目标，是党的最高纲领。为了实现党的最高纲领，大会提出在目前历史条件下的最低纲领，这就是：消除内乱，打倒军阀，建设国内和平；推翻国际帝国主义的压迫，达到中华民族完全独立；统一中国为真正的民主共和国。

中共“二大”正确地分析了中国的社会性质，中国革命的性质、对象、动力和前途，指出了中国革命要分两步走，在中国近代史上第一次明确地提出了彻底的反帝反封建的民主革命纲领，为中国各民族人民的革命斗争指明了方向，对中国革命具有重大的深远的意义。

大会选举产生了中央执行委员会，陈独秀、邓中夏、张国焘、蔡和森、高君宇为中央执行委员会委员，另选出三名候补执行委员。陈独秀被选为中央执行委员会委员长，蔡和森、张国焘分别负责党的宣传和组织工作。

“二大”结束后，邓中夏就任中国劳动组合书记部主任。他将总部机关从上海迁移至北京。随后，党中央又任命邓中夏为全国总工会筹备委员会主任。

开展立法运动

☆☆☆☆☆

（28 岁）

1922 年 8 月，适值北京政府鼓吹重开国会，进行制宪。中国劳动组合书记部乘机在全部范围内发起了劳动立法运动。

8 月 16 日，中国劳动组合书记部发出《关于开展劳动立法运动的通告》，指出国会制宪，对于“劳动立法之制定，尚未闻有提倡者，幸吾劳动界之奋斗精神与组织能力，尚能坚持不渝，此吾人所可庆幸者”。并指出，工人阶级罢工之所以被军警镇压就是缘于“法律尚未承认劳动者有此权利之故也”。因此，倡议借此制宪良机，“将劳动者应有之权利以宪法规定之”。并要求各地向北京国会、学术团体及各大报馆发出通电，请他们要求将劳动立法内容载入宪法，“以增我劳动界之声势”。随后，中国劳动组合书记部拟定了劳动立法的四项原则，即“保障政治自由”、“改良经济生活”、“参加劳动管理”、“劳动补习教育”，并指出这四项立法原则“为我等最低限度之要求，亦所应努力实现者也”。根据这四项原则，邓中夏代表中国劳动组合书记部还拟定了《劳动法大纲》十九条，并发表于其机关报《劳动周刊》。同时又将《大纲》发到全国，号召各地工会行动起来，开展立法运动。

1922年8月17日，《劳动法大纲》十九条在北京《晨报》上发表，并号召全国劳动团体“非要国会都要通过不可……如有认为要增加或更改的请快快来函示知，以便修改。这是关于我们劳动阶级切身的利害，我们不可忽视呀”。

对于中国劳动组合书记部的号召，“各处工厂纷纷响应，有复电该部表示绝对赞成誓作后盾者，有致请愿书或电文于国会为该部声援者，有通电全国要求各项援助者，大有如火如荼之势”。到8月底，收到武汉工团联络会、京汉长辛店等20余处的电文。唐山铁路、煤矿等工会成立了“唐山劳动立法大同盟”，举行大规模的游行示威，并通电全国各团体和国会，“誓必达到劳动法已列入宪法了，劳动法已完全采纳劳动组合书记部所提出的劳动法案了，我们才能休止”。

上海、长沙、广州、济南等工会团体，“亦正着手组织‘劳动立法运动大同盟’以期贯彻其目的”。京汉路长辛店工人俱乐部致电中国劳动组合书记部：“贵部所拟劳动法案建议，本部工友详加讨论，条条皆是保护劳动者最紧要最切要最低限度之要求。闻讯之余，异常感激。但你们既倡之于先，我等安得不继之于后？所以我等当万众一心，一致主张，誓不达到目的不止。”

各地派代表到京与中国劳动组合书记部接洽此事，“并催促该书记部快速召集全国各工会来京会议，以便结队请愿并游行示威”，中国劳动组合书记部对此回答说“时机一到，即可照办”。

邓中夏联合中国劳动组合书记部上海分部、武汉分部、湖南分部、山东分部、广东分部向国会递交了《请愿书》，表达了工人的要

唐山工人組織勞働立法同盟

△現在已開始籌備

△工人對此大活躍

（唐山通信）

◁ 1922年8月，中国劳动组合书记部主任邓中夏来唐山指导劳动立法运动，揭开了唐山第一次工运高潮的序幕。

求，并说："国内工人，亦当受法律保护，不得任意歧视，且以全国人民而论，工人实占绝对的多数。依据最大多数最大幸福的原则。直能舍弃工人而不顾。况立国基础，全凭国内生产者之柱石。"因而，对劳工的保护，"应规诸根本大法之刻不容缓者也"。

为进一步推动劳动立法运动在全国的展开，1922 年 8 月 31 日中国劳动组合书记部在北京大学第三院开会招待新闻记者。到会有各大新闻媒体及各地工会代表，会议由邓中夏主持，并由他报告了开会宗旨："今天是中国劳动组合书记部及各路工人劳动立法招待新闻记者诸先生的会。"然后他向新闻媒体解释了要求劳动立法的理由，并说："今天是恳切希望记者先生们谅解我们工人迫于生活的要求。"还希望记者们从"文字的鼓吹"、"宣传关于劳动立法的消息"、对国会中提出的"似是而非欺骗工人的劳动法案""严正驳斥"几个方面援助劳动立法运动。

各地来京工人代表纷纷发言，表达对中国劳动组合书记部组织劳动立法的感谢以及他们现身说明工人的疾苦和进行劳动立法的必要性。最后，邓中夏宣布下一阶段计划："(一)由本书记部各工会递请愿书于国会；(二)发通电告知全国；(三)当国会讨论此案时，召集全国工人来京请愿。"如果不能实现，则"增加代表，先游街示威，再向国会质问"。

9月3日下午，中国劳动组合书记部就劳动立法事宜又在北京大学第三院开会招待国会议员，有三十多位国会议员参加。会议开始后，邓中夏首先阐述了进行劳动立法的必要性，并说："我们希望并相信议员先生，肯本良心的主张，达到我们的期望。"工人代表对议员李庆芳的《保护劳工法案》提出了强烈的批评。到会的议员也相继发言，李庆芳的代表龚震还代表李发言表示李的提案实乃"仓促所为"，对李庆芳能够承认错误，邓中夏当即表示称赞，并"希望其取消原案，以证其诚意"。通过这次活动，争取了国会议员中同情工人运动的议员，同时也扩大了中共自身的影响。

9月6日，中国劳动组合书记部湖南分部、新河粤汉铁路工人俱乐部、岳州粤沪铁路工人俱乐部、安源路矿工人俱乐部向参众两院发出通电，要求国会议员"一秉正谊，举其天职，从速通过劳动法案。俾我劳动者不致沦为无法之人民，致酿法外之行动"，否则，"诸君不啻自绝于民众，我全国劳动者不得不夺其神圣之威权"，把劳动立法运动进一步推向高潮。

然而，直系军阀重开国会与制定宪法，本来就是沽名钓誉、欺骗舆论，用以巩固其统治的政治伎俩。其所控制的国会不可能接受或通过中国劳动组合书记部提出的十分有利于工人阶级的劳动法案。

劳动法案大纲十九条被"国会"否决了。但是，劳动立法运动通过广泛宣传劳动法案大纲，使争取工人的生存权、劳动权、劳动组合权的呼声，深入人心，成为第一次工人运动高潮中工人为之奋斗的目标。

发起民权同盟

☆☆☆☆☆

（28岁）

邓中夏在领导劳动立法运动的同时，为争取工人阶级和全国人民的权利，废除北京政府制定的“治安警察法”，和李大钊一道，联合国民党元老李石曾、国会议员王法勤等，共同发起建立了“民权运动大同盟”。

1922年8月20日，“民权运动大同盟”在北京湖南会馆召开成立大会。到会者有四百多人。大会在发表的宣言中指出，全国教育家、学生、劳动者和妇女们所受痛苦的来源，简单地说，就是无法律的保障。最大多数的劳苦人民，宪法上剥夺了他们的选举权，所以他们没有申诉疾苦的地方，只好活活地饿死苦死。因此，争取民权运动的四大目的是：集会、结社、言论、出版有绝对自由权；普遍选举；劳动立法；男女平等。该会的宗旨定为“伸张民权，铲除民权的障碍”，决定创办《民权周刊》，经费由李石曾等捐助。大会最后选举张竞生为主席，选举李大钊、李石曾、邓中夏、胡鄂公等15人为执行委员。

邓中夏、范体仁等分别撰写文章在北京《晨报》、《京报》及《民权周刊》上发表。

邓中夏等还到丞相胡同《晨报》编辑部研究宣传民权，掀起民权运动，为劳苦大众与工人阶级争取权利和自由奔走呼号，不遗余力。同时，发起取消治安警察法运动，由高一涵撰文列举治安警察法对人民集会、结社、言论、出版及示威游行等的无理限制是违反“约法”，不是“民国”应该有的“恶法”，要求废止。

1922年10月10日，邓中夏在《民权周刊》双十特刊上发表《我的一个提议》一文。呼吁全社会“趁国庆日，大家起来要求政府明令撤废‘治安警察法’”。他在文章中指出：“‘治安警察法’是北洋老军阀洪宪皇帝制造的。名义上是说维护治安，保障自由幸福，实际上是维持军阀的安宁秩序，保障军阀贵族的自由幸福。‘治安警察法’是军阀手里的武器，自从军阀有了这件武器之后，可以随便镇压人民，摧残人民，枪杀人民。”因此他呼吁，一定要动员全国人民的力量，要求政府废除“治安警察法”。

1922年秋，在邓中夏的领导推动下，南京地方团发起成立民权运动大同盟。10月10日，全城一万多学生举行民权运动大同盟游行，每人手拿一面小纸旗，上面写着“民权运动”、“打倒军阀”等口号，同江苏督军齐燮元举行的“国庆阅兵”唱对台戏。游行队伍散发的宣言说：

全国的父老兄弟诸姐妹们，大家醒醒迷梦吧！中华民国的招牌挂了十一年了，试问站在这个招牌下的老百姓们果真有一天享有真正共和国民的权利吗？……我们要做一个真正的人，要做一个真正民主国家的国民，再也不能苟且容耐了，因而发起一个民权大同盟，以伸张民权为职志。现在正是国会制宪的时期，我们希望下列各种民权，宪法上要明白的规定，作一个保障：(一) 集会、结社、言论、出版绝对的自由权。(二) 普遍选举。(三) 劳动立法。(四) 男女平等。(五) 教育独立。……我们要大家联合起来奋斗力争啊……

▽ 蔡元培

1922 年下半年，北京许多群众团体，在蔡元培等人领导下，组织了首都各界人民“裁兵促进会”，为了争取参加裁兵运动的各团体支持反对“治安警察法”的斗争，邓中夏以民权大同盟代表的身份，参加了会议，并在会上作了讲话。他在讲话中指出，裁兵是打倒军阀的一个方法，但撤废“治安警察法”也是打倒军阀的一个重要方法。因为不撤废“治安警察法”，军阀政府就可能利用这个反动法律随时随地对裁兵运动进行镇压。因此，要想裁兵，打倒军阀，就应该首先撤废它！邓中夏的提议得到了大多数人的赞同，蔡元培也表示支持。邓中夏等便以 72 个人民团体的名义，起草了一份给总统府和国务院的请愿书，由蔡元培、林长民等人领衔签名，并交付总统府和国务院。

在巨大的压力面前，国务院被迫作了讨论，决定将“治安警察法”交内务部修改。所谓修改当然是人民不能满意的。

1922 年冬，李大钊、邓中夏再次发起由数千学生参加的请愿活动，但国会在军阀的操控下，借口此法已经内务部斟量修改，不能废除，拒绝了各界人民的要求，使民权运动大同盟发动的这场斗争未能获得预期的效果。

领导北方罢工

☆☆☆☆☆

（29岁）

1921年8月，邓中夏领导的长辛店工人斗争的胜利，是我国铁路工人斗争史上的一个空前胜利。长辛店罢工的胜利，打响了北方铁路工人斗争的第一炮。9月4日京奉铁路山海关机器厂工人罢工，工人要求斥革工头，改良生活。结果路局与工人代表会议承认条件，计罢工八日。再接着是9月8日粤汉铁路武长段全路的罢工。因监工虐待工人而起，军警干涉，伤毙并逮捕工人。工人得各路工人及武汉工团之助，结果监工查办，被捕工人释放，并承认工人要求，分别加资，坚持罢工27日，终于取得胜利。

6月，邓中夏派遣中共党员何孟雄到京绥铁路开展工运，改组了京绥铁路车务工人同仁会，并在该铁路沿线组建了张家口、大同、平地泉、归绥、包头等八大站分会。

6月12日，京绥铁路线与美国太康洋行订购价值230万美元的货车600辆，因不能按期付款而以对方举荐会计、监督车辆收入和提息等条件，交通部总长高恩洪与太康洋行签订了所谓《展期合同》，激起全路工人的极大愤慨。于是从8月6日开始，掀起了声势浩大的“救国护路”运动，直至8月31日，迫使交通部撤回亡路合同，惩办了路贼陈世华，维护了路权。

1921年秋，邓中夏派遣康景星去京汉铁路正定火车站工人俱乐部。正太铁路工人、共产党员孙云鹏也根据邓中夏的指示，在总机器厂工人中积极活动，串联成立工会组织。1922年2月，成立正太工业研究会，10月又成立正太工业研究会传习所，1922年12月，成立正太铁路总工会。1922年12月，正太铁路总工会领导了正太铁路全线大罢工，并取得了胜利。1922年8月，京汉铁路正定火车站工人俱乐部组织工人参加了京汉铁路八月罢工，也取得了胜利。

1922年10月23日，清晨6点，开滦五矿五万多名工人开始举行声势浩大的反帝总同盟罢工。

开滦五矿创办于清朝末年，曾是中国规模最大和最早采用新式技术开采的煤矿之一。最早由中国官僚资本创办，后来被英国资本所控制。在这个被外国资本家标榜为“新式企业”的矿山，几万名矿工却过着地狱一般的生活，毫无生命安全的保障。一天劳动时间长达16小时，工伤事故频繁发生，每年被绞车轧死的就有四百多人。井下发生了危险，资本家只关心损失了多少匹骡马。饱受欺侮的工人们，内心深处蓄积着反抗怒火。

邓中夏、彭礼和等人到唐山工人中进行宣传、组织工作。

1922年10月，开滦五矿的工人代表向资方提出增加工资、改善待遇等要求。开滦矿局不仅拒绝了这些要求，还蛮横地扣留了工人代表。开滦矿工忍无可忍，23号这一天，在中国劳动组合书记部特派员彭礼和、共产党员王尽美、邓培等人的指挥下，总同盟罢工开始了。

▷ 开滦五矿罢工领导人的合影

在罢工总指挥部和工人纠察队的领导下，五万多人开始了行动一致的反帝斗争。工人的斗争引起了外国资本家和中国反动当局的恐惧。反动军阀曹锟派出一个师的兵力前来镇压。英帝国主义的康克斯来福枪队也参与了血腥的镇压活动。五十多名工人被打死打伤。工人们不屈不挠，仍然将罢工持续了二十多天。

正是因为有了共产党的领导，开滦五矿的工人们才真正感受到了团结和斗争的力量。英国人无可奈何地说：今天的中国工人不像往昔时候，而是完全变了。

1922 年 10 月 23 日开始的开滦五矿工人反帝大罢工，是中国共产党领导的、中国第一次工人运动高潮中北方最著名的罢工，在工人运动史上留下了光辉的一页。

1923 年 2 月 1 日，京汉铁路工人在郑州举行京汉铁路总工会成立大会。但在开会前夕，直系军阀吴佩孚竟下令禁止开会，工人们对军阀的无理行动，表示极大的愤慨，决定照常召开成立大会。2 月 1 日，吴佩孚派军警包围会场，到达郑州的大会代表冲破了军警的阻拦，进入会场，宣布了京汉铁路总工会正式成立。开会不到 15 分钟，即与军警发生冲突。会后，反动军警又包围了代表的住处，监视代表行动，占领、封闭、捣毁总工会和郑州分会的会址，代表们被强迫出境。当晚，总工会决定于2月4日京汉铁路全体总罢工，提出“为自由而战，为人权而战！”为了便于指挥这次罢工斗争，总工会移至汉口江岸办公。从2月4日上午9时起，仅用三个小时就实现了全路数万名工人全部罢工，所有客车、货车、军车一律停驶，京汉铁路立即瘫痪。

以邓中夏为首的中国劳动组合书记部全力支持这次罢工。邓中夏还发动民权运动大同盟等团体声援京汉铁路工人的罢工斗争。

2月7日，军阀吴佩孚终于下了毒手。湖北督军肖耀南借口调解工潮，诱骗工会代表到江岸工会会所“谈判”，工会代表在去工会办事处途中，遭到反动军队的枪击，赤手空拳的工人纠察队当场被打死三十多人、打伤二百多人。反动军队还闯进工人宿舍，大肆搜捕，造成了震惊中外的二七惨案。江岸分会委员长、共产党员林祥谦被捕后，反动军警把他绑在电线杆上，用刀逼迫他下令复工。林祥谦高呼：“上工要总工会下命令，我的头可断，工是不能上的！”他宁死不屈，英勇就义。武汉工团联合会法律顾问、共产党员施洋也惨遭杀害。

惨案发生后，尽管反动军阀到处

△ 吴佩孚

捆绑工人，用恐怖手段强迫工人复工。但工人们坚持斗争，在没有得到总工会复工命令以前坚决不复工，各地工会也都拒绝单独谈判。罢工斗争坚持到2月9日，京汉铁路总工会的武汉工团联合会为避免不必要的牺牲，保存力量，准备将来进行更大的斗争，忍痛下令复工，大罢工宣告结束。在这场斗争中，京汉路各地工人死五十余人，伤数百人，被捕和被迫流亡的有一千多人。这就是历史上有名的二七惨案。接着，各地军阀也都对工人运动采取了高压政策，全国第一次罢工高潮被迫暂时转入低潮。

中国劳动组合书记部总部是全国工人运动的最高指挥机关，又直接支持了京汉铁路工人大罢工，因此北洋军阀政府下令封闭其设在北京的总部，派军警查抄部址，并到处捉拿和通缉邓中夏。邓中夏遵照党的指示于2月底秘密离开北京去上海，中国劳动组合书记部机关也前往上海。

由于党的正确领导和影响，在邓中夏主持中国劳动组合书记部期间，工人运动很快有了大规模的发展。从1922年1月到1923年2月，全国罢工斗争达一百多次，参加罢工人数有三十多万。这次罢工斗争高潮以香港海员罢工为起点，随后汉阳钢铁厂工人、安源路矿工人、长沙泥木工人和京汉、粤汉、京奉、京绥、正太等铁路工人，也相继举行罢工。

邓中夏在《中国第一次罢工高潮》一文中说：

真的，书记部当时确成了罢工的唯一领导者，在那样紧张罢工潮中，书记部的工作不用说是万分忙碌，也差不多天天有特派员派出，遑遑于火车轮船道中；书记部的总机关报即为《工人周刊》，其他分部亦有机关报。第一次劳动大会的缺点，在于没有一个工人目前斗争的纲领，书记部补救了这一缺点，其时适值国会重开，书记部乃发起劳动

◁ 京汉铁路总工会在郑州成立时合影

立法运动，提出劳动法，实际即斗争的纲领，并号召全国工会为此纲领而斗争，也就因此把全国工人罢工斗争的意志统一起来；而同时全国的罢工，差不多都得了书记部（总部或分部）的指导，因此书记部的信仰越发增高起来。

中国共产党所领导的中国工人运动第一次高潮，显示了中国工人阶级的伟大力量，提高了中国工人阶级和中国共产党的政治威信。工人的生命和鲜血进一步唤醒了中国人民，使他们更加清楚地认识到帝国主义和封建军阀是中国人民的敌人，必须与之斗争到底，才能获得真正的自由和解放。同时，这一运动也深深地教育了无产阶级，它告诉人们：在半殖民地半封建的中国进行反帝反封建的革命，战胜强大的敌人，没有广泛的革命统一战线，单靠我党领导的工人阶级孤军奋战是不能战胜强大的全副武装的敌人的。为了统一全党的思想，加强工人阶级同其他民主力量的联合，建立革命的统一战线，1923 年 6 月，中国共产党在广州召开了第三次全国代表大会。大会的中心议题是依据共产国际决议讨论国共合作问题，通过了《关于国民运动及国民党问题的决议案》，决定共产党员以个人名义加入国民党，帮助孙中山改组国民党为民主革命联盟，同时保持共产党在思想上、政治上和组织上的独立性。

上海恢复工会

（1923—1925）

建立秘密工会

☆☆☆☆☆

（29–30岁）

1923年3月，邓中夏经南京到达上海。4月，邓中夏改名邓安石，由李大钊介绍，到上海大学担任校务长，负责主持上海大学的行政工作。他在上海大学工作两年，将这所规模很小的旧学校，改造成一所规模宏大、全国有名的培养革命干部的大熔炉，成为我党宣传马克思列宁主义，开展革命活动的一个重要阵地。

1923年6月，我党在广州举行了第三次全国代表大会，着重讨论了国共两党合作问题，并作出了相应的决定。“三大”结束后不久，1923年7月8日，中共上海地方委员会兼执行委员会进行改选，邓中夏在全体执委会上被公推为委员长。他首先狠抓了在江浙地区积极发展党的组织工作。同时抓好对上海各阶层认识的统战工作。1923年下半年起，邓中夏就帮助国民党左派廖仲恺等人创办了《新建设》、《新国民》杂志，为这两个杂志撰写了大量文章。

邓中夏在1924年前后，利用他在上海大学的有利条件，废寝忘食地对中国革命一系列根本理论问题和党的方针政策，进行了探讨和论述，在两年的时间里发表了130篇文章。在这些文章中他运用马克思主义的观点，对中国社会各阶级进行了分析，分清了敌我，提出了帝国主义都是“纸老虎”的论点，他十分强调加强工农联盟、建立工农武装、开展士兵运动、实行工农兵大联合的重要性。这些理论对党的前期建设，制定正确路线产生了重大影响。

1923年7月，担任中共上海区委员会委员长后，他立即在区委下建立了一个“劳动委员会”，由王荷波任劳动委员长。该会的首要任务是恢复上海市各主要部门的工人运动。

上海，是我国工人最多、最集中的地方，是中国共产党的诞生地。党成立后，就在上海开展工人运动。在这些方面，上海是得天独厚的。可是，上海工人运动的发展，却远远落后于内地。罢工斗争取得胜利的少，失败的多。1922年冬，正当全国第一次罢工蓬勃发展的时候，上海的日华纱厂、英美烟厂和金银业举行的三角同盟罢工，很快就被镇压下去了，成为在第一次罢工高潮中最早出现的低潮。上海工人运动从此一蹶不振。

为什么会出现这种现象呢？邓中夏经过一番研究，认为有主观原因，也有客观原因。

从主观力量来说，一是工人大多数是女工、童工，战斗力差。在罢工斗争中，往往经不起一两个回合，就被人家打垮了。二是党的力量太弱。1923年，上海的共产党只有42人，大都是搞学生运动的，从事工人运动的寥寥无几。特别严重的是，京汉铁路大罢工失败后，在党内出现取消工人运动的错误，对中央所在地上海的工人运动，采取不闻不问的态度。

从客观方面来说，上海工人的对手，是老奸巨猾的帝国主义者，他们用数十年积累下来的统治工人的经验，对付中国新生的幼稚的罢工运动，自然是绰有余裕的。

面对这种情况，邓中夏不畏艰险，按照党的中央执行委员会扩大会议的精神，开始在工人中进行艰苦的组织工作和教育工作。

邓中夏亲自去小沙渡，了解工人补习班的情况。当时，小沙渡有两个工人补习班，由青年团上海市委领导，嵇直、徐璋主办。这两个工人补习班，都设在嵇直、徐璋的住处，规模很小。因为各厂的班次不同，来上课的工人，有时多，有时少，很不稳定。邓中夏决定把这两个班合并，建立工人补习学校，在东京路、劳勃生路拐角的地方，租了一间房子，挂出“沪西工人补习学校”的牌子。随后，在沪西工人补习学校的基础上，筹建沪西工友俱乐部。邓中夏派孙良惠负责具体的组织工作。

孙良惠，原是日本同兴纱厂工人，是沪西区第一个参加共产党的工人。

孙良惠在沪西人地两熟，开展工人运动非常有利。他的公开职业是一家银行的守卫员。从外表看，他身穿制服，腰挂手枪，很像租界巡捕房的中国巡捕。

有一天，孙良惠来到小沙渡老西门，听少年宣讲团演讲。挨着孙良惠坐的是同兴纱厂工人刘贯之。中国人民对为帝国主义服务的巡捕是非常憎恶的，刘贯之和孙良惠虽然坐在一起，但不说话。孙良惠主动和刘贯之交谈，问他能不能听懂，如果听不懂，可以给他讲解。刘贯之看到这个“巡捕”有点特别，不是那样飞扬跋扈，盛气凌人，而是说话和气，态度可亲，很愿意和他交谈。经过一段接触，刘贯之知道孙良惠不是巡捕，孙良惠也了解了，刘贯之是纱厂工人，两人交上了朋友。经过多次商量，决定在小沙渡办个工人团体，名叫“沪西工友俱乐部”，由刘贯之负责找房子，孙良惠筹措开办经费。

1924年9月1日，沪西工友俱乐部成立。孙良惠带来项英、刘华、顾秀、李瑞清四个人和刘贯之见面。随后，由这几个人组成沪西工友俱乐部委员会，项英为主任，孙良惠为副主任，刘华、顾秀为宣传委员，李瑞清为组织委员，刘贯之为总务委员。项英在红纸上挥笔疾书，写下16个大字：“联络感情，交换知识，互相扶助，共谋幸福。”这是沪西工友俱乐部的宗旨。大家把它贴在俱乐部的中堂。

◁ 项英

不久，项英被调走了，刘华成为沪西工友俱乐部的负责人。刘华是上海中华书局印刷厂的学徒，在上海大学中学部半工半读。他工作认真，学习刻苦，生活俭朴，对党的事业忠心耿耿。特别是他的宣传才干和组织能力，很快就引起邓中夏的重视，认为他是个有作为的青年。刘华在上海大学加入社会主义青年团，随后，转入共产党。从此，他在邓中夏的指导下从事工人运动。

沪西工友俱乐部设立的工人识字班、文化补习班、讲演会，深受群众欢迎。邓中夏称赞俱乐部的工作做得很出色，亲自来给工人讲课。

一天，内外棉五厂工人戴器吉收工后，照例去俱乐部上课，突然想起一个不认识的字，就问在马路边摆摊拆字的先生。拆字先生看见戴器吉衣衫褴褛，知道是做工的，便说：“做工的人别想出头。工字一出头，就入土了。认字有什么用?”戴器吉边走边思索着拆字先生的话。直到坐下来听课时，心里还是气鼓鼓的。

这天的第一课是教“团结、斗争”四个字。刘华在讲解这四个字的意义时说：“工人只有起来斗争，才有出路。工人只有团结一致，才能取得斗争的胜利。”

戴器吉听了情不自禁地说：“刘老师，你讲得好，讲得对。我们工人要出头，就要斗争。可有人说，工人不能出头，工人一出头，就要入土了。不对！”

“说得好，说得对。”坐在黑板旁边的邓中夏，突然站起来在黑板上写了一个大大的“工”字，说：“这个‘工’字，上有天、下有地，中间是个顶天立地的好汉。这就是我们工人的形象。不过，我们工人现在没有权。帝国主义、资本家、军阀利用他们的政权，天天剥削我们，压迫我们，弄得我们一无所有。”

邓中夏越说越激动。他对着工人大声说：“世界是我们劳动者创造的。我们要打倒害人虫。我们现在进行的每一个斗争，都是给那些害人虫挖掘坟墓。等到我们千千万万工人、农民团结起来斗争的时候，他们就要完蛋了。我们工人出头，他们就入‘土’了。”

邓中夏的话,正说到工人的心坎上。刘华站起来,向工人介绍:“这是我的老师，上海大学的教书先生邓中夏。”刘华回身，在邓中夏写的“工”字下面，加了个“人”字，说：“你们看，‘工人’两个字，连起来，就是个‘天’字，我们工人将来要做天下的主人。只要大家团结起来，我们工人的力量大如天！”

从此，邓中夏经常来沪西工友俱乐部给工人讲课。一些老工人，至今还记得邓中夏讲“剥削”这一课的动人情景：

邓中夏用粉笔在黑板上写了“剥削”两个大字,教工人读了两遍,就问大家："做一天工，有多少工钱？"

有的工人说一角多，有的说两角。有个工人不知道邓中夏为什么要问这个，就说："邓老师，工人做工，老板给工钱，从来是这样。工钱和剥削有什么关系？"

邓中夏严肃地说："工钱和剥削，有密切关系。工钱，不是老板'给'工人的，是工人出卖劳动力的一种价格，是工人劳动创造出来的财富中的一小部分。那么，工人劳动创造出来的大部分财富。哪里去了？"他扳起手指头，给工人算起"剥削账"来：比如说，一个工人一天干十二个小时活，纺出十斤纱。按照市面价格，十斤纱可以卖十块钱。除掉纺十斤纱花费的成本、机器折旧等六块钱外，剩下的四块钱，就是工人劳动创造的价值。工人只能拿到两角钱。剩下的三块八，全被老板装进腰包，这就叫剥削。

工人听了邓中夏讲的"剥削"课后，好像从梦中醒过来，恍然大悟：怪不得，工人天天做工，累死累活，到头来还是吃不饱，穿不暖，老板却越来越富，工厂越办越多。被剥削，这就是我们工人穷的根源。

邓中夏虽然工作十分繁忙，但为了使各校有一本好的教材，他又亲自担负起编写教材的任务，不久就写出了数万字的《劳动常识》，在《平民周报》上发表，供各学校作为工人学习的课本。

沪西工友俱乐部不仅是工人读书、识字、娱乐的地方，而且是对工人进行马克思主义启蒙教育的大课堂，是共产党领导工人进行斗争的场所。沪西工友俱乐部的影响一天天扩大，要求加入俱乐部的工人越来越多。内外棉三厂、四厂、九厂、日华、同兴等日本纱厂，都先后秘密成立了俱乐部部员小组。资本家开办的几个纱厂，也陆续成立了俱乐部部员小组。短短的三个月中，沪西工友俱乐部已经在十九个纱厂中建立了秘密组织，部员发展到近千人。

邓中夏在对工人进行宣传教育和组织工作的同时，还特别注意在工人中培养骨干，发展党员，建立党组织。通过沪西工友俱乐部的活动，共产党在产业工人中扎下了根。

领导“二月罢工”

（31 岁）

1924 年 5 月，党中央决定在中央工农部内设工会运动委员会，由邓中夏任书记。委员会成立后，邓中夏便把主要精力用于领导工会运动上。

经过 1924 年 6 月丝厂大罢工及同年 9 月南洋烟厂大罢工的锻炼，工人壮大了队伍，增强了战斗力。到 1925 年 1 月，全区共产党员已从 1924 年 7 月的 21 人增加到 64 人。党的组织也从小组建制改为支部建制，建立了中共杨树浦支部及南洋烟厂支部。同时又成立了党领导的工会组织——沪东工人进德会。这样，就为迎接新的工人运动的高潮准备了条件。不久迎来了“五卅”反帝大风暴的先声——上海日商纱厂的“二月大罢工”。

上海日商纱厂的罢工始于内外棉八厂。1925年2月2日清晨，内外棉八厂粗纱间一个已连续做工11个小时的12岁的女童工，精疲力尽，不知不觉地靠在车头上睡着了，正巧被日本领班看见，顿时拳脚相加，致使童工受伤倒地，童工的姐姐见状上前理论，被蛮横的日本领班打了两个耳光。此事引起了车间男工的不平，群起与日本人评理。日本资本家趁机将50名男工开除，想以工资低廉的养成工替换。消息传开，工人们非常愤怒，聚在一起共商对策，前来接班的粗纱间日班男工当即宣布罢工，表示与夜班男工同进退。2月4日，被开除的男工要求资本家结清工资，日本资本家竟勾结普陀路巡捕房将6名带头的工人抓走。全厂工人怒不可遏，纷纷表示要关车罢工。

邓中夏等决定抓住这次事件，发动全市日商纱厂工人的大罢工，以扭转工运低潮局面，于是成立了罢工委员会。在邓中夏、李立三的领导下，于2月9日爆发了大罢工。内外棉五厂、七厂、八厂、十二厂工人相继罢工。第二天，九厂、十三厂、十四厂的工人也响应罢工。到12日，内外棉十一个厂的一万五千多名工人全部罢工。

沪东的日商纱厂工人，平时受尽日本人的虐待、剥削，闻知沪西发生了罢工事件，就奋起响应。2月14日，日商大康纱厂四千余名工人，在中共党员张佐臣、高雷、王淦亭等人的带动下，在沪东首先发起了支援沪西工人罢工斗争的全厂大罢工。

邓中夏等同志为了使这场罢工斗争能在党的统一领导下有秩序地进行,迅速成立了罢工“总指挥处”和杨树浦、小莎度两个“分指挥处”。还成立了“纱厂工会”和“工人代表会”，又建立了护卫团和纠察队。

当天，在邓中夏等人的发动下，上海国民会议促进会等几十个团

◁ 日商纱厂二月大罢工

体也举行了联席会议，讨论声援日商纱厂工人罢工斗争的问题。向警予在会上作了重要讲话。会后，成立了“上海东洋纱厂罢工工人后援会”，号召全市各界人民援助。

大康纱厂厂址在公共租界的腾越路上，罢工集会常受到帝国主义巡捕房的干扰，所以后来大康纱厂的工人集会都在引翔港一带中国地界的空地上举行。

在二月罢工的战斗中，大康纱厂宣布成立工会，并散发大罢工传单。传单上写道：“工友们，我们在东洋人厂里做工，东洋人把我们看做牛马，要打便打，要骂便骂。我们统统是中国人，天天受东洋人的打骂，做东洋人的牛马、奴隶，不仅是我们工人的耻辱，并且是中国四万万同胞的耻辱。工友们！大家一条心，反对东洋人的虐待，从前做牛马，以后要做人，为工人争面子，大家要听工会的话，能听工会的话，便是一条心，大家一条心，便可以得到最后的胜利。”

2月16日，引翔港地区气温很低，雨雪纷飞，大康纱厂工人不畏寒冷，在空地上召开大会。工人们满腔仇恨，揭露日本资本家剥削压迫工人的罪行，决心要与日本资本家斗争到底。为了防止敌人的破坏，工人们在党组织的领导下，在沪东工人进德会的努力下，组织了纠察队。

2月17日，日本资本家勾结杨树浦巡捕房逮捕了到大康纱厂研究罢工工作的沪东工人进德会教师吴先清。

日商裕丰纱厂的工人们闻知吴先清被捕，非常愤怒，他们于2月18日清晨6时开始了罢工斗争。全厂四千多人在共产党员万金福带领下冲出工厂，集中到沪江大学附近空地上开大会，组织了三十多个纠察队，并发表了宣言。

2月19日，引翔港中国警署派出警察冲入裕丰纱厂工人大会会场，并以煽动罢工罪拘捕了工人代表。正在附近开会的大康纱厂工会接到报告后，组织浩浩荡荡的工人队伍与裕丰纱厂工人汇合，直奔警察署，要求释放被拘捕的人。两个纱厂的七千多名工人围住警察署，高声呼喊："中国人不要做东洋人的走狗！""释放工人代表！"等口号。署长见势便命令警察朝天鸣枪。工人们毫不惧怕，口号声一浪高过一浪。随之，租界的巡捕房也插手派人前来镇压。至此，工人们气愤已极，怒吼着将警署的篱笆推倒，随手拿起砖头、石块投掷打人的警察。警察迫于众怒不敢开枪，但冲突发生了。在冲突中，约有五十名工人陆续被捕，邓中夏也被捕去，所幸他的身份没有暴露。但大批工人仍在坚持，高声抗议。

在大康、裕丰的带动下，沪东地区的公大（今上棉十九厂）、同兴、上海纱厂一、二、三厂等日商纱厂工人群起响应，一致举行罢工。罢工工潮席卷全市日商纱厂，形成了闻名全国的有三万五千人参加的"上海日商纱厂工人二月同盟大罢工"。

日商纱厂工人英勇奋战时，向警予等人积极引导工商学各团体联合组成的罢工后援会积极开展援助活动。恒丰纱厂工会发动全厂工人募捐，募得大洋38元，由工人代表将捐款送后援会转交。裕丰纱厂工房住着的两千多人，平时大多数在附近几处包饭作吃饭，罢工后工人没有钱交饭费。包饭作的师傅对工人们说："你们不要去上工，大家要讲义气，你们若去上工对得住关在捕房中的人吗？没有钱，这几天尽管在我们这里吃饭。"听了这番话，裕丰工人罢工的决心更坚定了。

从2月17日起，连续3天，在向警予等领导人的带领下，"二月罢工"后援会的会员不顾严寒上街募捐，募得大量钱款支援罢工工人。

日本资本家不甘心失败，勾结军阀政府的警署与工部局的巡捕房联合起来镇压罢工。20日，逮捕了罢工领导人、工人进德会的负责人蔡之华及16位工人，又封掉了大康、裕丰两厂的工会。日本还派遣军舰开进上海黄浦江威胁罢工工人。工人在党组织及工会的领导与组织下毫不畏惧，坚持罢工斗争。

这次罢工是在中国共产党领导下的联合行动，有鲜明的反帝斗争目标，有广泛的社会同情和支持，而且工人内部组织也极严密，工会深得工人群众的信任。杨之华曾说："我第一次看见工人阶级强大的力量和严密的组织性、纪律性，无论在组织纠察队，或者交代具体任务时，工人那种爽快、不计价钱、坚决服从工会的精神，使我深为感动。"

这次罢工中，日本资本家一直处于被动地位，因罢工损失达数十万两白银。逮捕、威胁、镇压都动摇不了工人反帝斗争的决心，因此一向骂工人"贱种"、"奴才"的日本资本家，不得不与工人代表坐在一张桌子上谈判。2月25日正式谈判，日本资本家同意工人提出的"不准东洋人打人"和"取消'厕牌'的陋规"等条件。26日双方达成协议：(1) 工人照常一律优待，如有虐待，准可禀告厂主秉公办理；(2) 工人能回厂安分工作者照旧工作；(3) 储蓄金照章满5年发还，未满5年开除者，如平时在厂有成绩，亦可发还；(4) 工资两星期发一次（照章办理）。这一协议虽与工会提出的复工条件有出入，但基本上达到了争人格、反对无理打人骂人等两项。工会还认为，在罢工中锻炼了工人的战斗力，并成立了工会，因此，接受这个修正案就可以证明这次罢工已获得胜利。

3月1日，日商大康、裕丰两纱厂工人在引翔港开会，由大康工人代表张佐臣、裕丰工人代表万金福报告调解经过及复工条件，会议决定2日起复工。

3月4日，经各方面营救，邓中夏、吴先清等都被释放，只有蔡之华半年以后才获释。“二月罢工”胜利结束。工人在斗争中提高了阶级觉悟，杨树浦工会会员增加到三千多人。

4月，邓中夏在《中国工人》第4期上发表了《上海日本纱厂罢工中所得的经验》一文，指出这次罢工“确是‘二七’后一个空前的伟大运动。它在中国劳动运动史上开辟了一个新纪元，而且在中国民族解放史上也添了一层新意义”。

1925年4月，邓中夏奉命离开上海，前往广州负责筹备即将在广州召开的第二次全国劳动大会。

1925年5月1日，中国共产党在广州领导召开第二次全国劳动大会。这次大会以中华海员工业联合总会、汉冶萍总工会、全国铁路总工会和广州工人代表会等四大工人团体的名义发起召开，并由广州工人代表会负责具体筹备。到会代表277人，代表着165个工人团体、45万有组织的工人。大会通过了《宣言》和三十多个决议案。包括《政治斗争决议案》、《经济斗争的决议案》、《组织问题的决议案》等。

第二次“劳大”的一项特别重要的决定是，通过了中华全国总工会总章程，成立中华全国总工会，并选出了25名执行委员，组成执委会，以林伟民、刘少奇为正副委员长，邓中夏为秘书长兼宣传部长，李启汉（李森）为组织部长，会址设在广州，并在上海设办事处。从此，全国的职工运动，就在中华全国总工会的统一领导下进行，因此大会在《宣言》中号召："全国工人须在中华全国总工会旗帜之下"，"一致团结"、"共同奋斗"。

第二次"劳大"是中国工运史上一次极为重要的会议，它在大革命高潮到来之前，为全国工运在思想上、策略上和组织上指出了明确的方向，并建立了全国工运的总指挥部——中华全国总工会。

为了使到会代表对这次会议的主题有共同的认识，大会召开前，邓中夏专门写了以《劳动运动复兴期中的几个重要问题——贡献于第二次全国劳动大会之前》一文。

邓中夏指出，这次劳动大会应该着重讨论和解决以下六个问题：一、组织问题；二、经济斗争问题；三、争取自由运动问题；四、参加国民革命问题；五、工农联合问题；六、国际联合问题。

会议结束后，为了宣传大会的精神，贯彻大会的决议，邓中夏于5月中下旬又连续发表了《第二次全国劳动大会与海员的责任》和《中国劳动运动的新生命》。邓中夏高兴地指出：

诚然，此次大会通过这些决议案，都是很精密的，切实的，正确的，比第一次圆满得多，进步得多，但是也要看大会后我们执行得如何。我敢说，如果我们全国各工友不普遍的了解他，极端的信仰他，努力的应用他，那么他不过白纸上写上黑字罢了，有何用处？所以希望全国各工友，要把此次大会决议案当做神圣一般，并且要把他一字一句都在事实上表现出来，那才可以继往开来，那才可以由此"奋斗，奋斗，奋斗到底"，（大会闭会时齐呼的口号）以实现我们最终的目标，达到最终的解放。

全总机关设在广州，邓中夏也留在广州工作。

省港大罢工

(1925—1927)

抓住关键

☆☆☆☆☆

（31 岁）

1925 年 5 月 30 日，上海人民为了抗议帝国主义屠杀工人顾正红和逮捕爱国学生，举行声势浩大的示威游行，遭到了英租界巡捕开枪扫射，当场死伤数十人。帝国主义的暴行激起了全国人民的愤慨，国内各地人民群众纷纷奋起参加反帝爱国运动。五卅运动标志着中华民族的新觉醒和中国人民反帝革命风暴的到来。

上海发生五卅惨案的消息传到广东。中国共产党广东区委员会书记陈延年召开区委会议，研究在广东开展反对帝国主义斗争的问题。会议决定，派人去香港、沙面发动工人罢工，声援上海人民的反帝爱国斗争。

去香港发动工人罢工，是个艰巨的任务。派谁去呢？

大家考虑到：中华全国总工会秘书长兼宣传部长邓中夏长期从事工人运动，有实践经验。在第二次全国劳动大会期间，邓中夏同香港工会代表团中的各派工会负责人有广泛的接触，他们对邓中夏广博的知识，精辟的言论，敏捷的辩才，政治家的风度，留下了良好的印象。会议决定，把这个重任交给邓中夏。

邓中夏来到香港，同在香港工作的广东工运领袖杨殷一起，找到中共香港支部书记黄平，召开党团员会议，研究发动工人罢工的问题。

会上，邓中夏介绍了五卅惨案的真相。他说："几十年来，我们受到帝国主义的压迫，实在是到了忍无可忍的地步。为了向英帝国主义表示最强烈的抗议，为了推动革命高潮向前发展，中华全国总工会决定，在香港发动一次大罢工。希望每一个共产党员、共青团员，都为这次罢工献出自己最大的力量。如何发动工人罢工，请大家提出意见。"

参加会议的人，对发动这么大规模的罢工，信心不足。他们说："上级的决定，我们拥护。可是，就靠我们这一二十个人，能把香港几十万工人发动起来吗？""香港工会很多，大都是旧式的行会组织。拿最大的中华海员工业联合总会来说，会长谭华泽，就是个买办。这样的人，这样的工会，能跟我们走吗？"

邓中夏认为，从主观力量上说，要发动一次大罢工，确实是不容易。但是，既要看到困难的一面，又要看到有利的一面。他说："五卅惨案爆发之前，谁能想到在中国会出现这么大规模的反帝爱国运动呢？目前，尽管我们有很多困难，但有利条件还是有的。比如，苏兆征领导过1922年的香港海员大罢工，在工人中很有威望。在他的影响下，中华海员工业联合总会是会跟我们走的。另外，电车、华洋排字、洋务等几个工会，是共产党领导或受共产党影响的。我们只要充分利用这些有利条件，罢工是可以发动起来的。"

邓中夏继续说："大家都知道，香港工人对英帝国主义是非常仇恨的。仇恨，是埋在工人心中的炸药。现在，炸药还没有点着，大家还看不到它的力量。炸药一旦点燃，大家就会知道它的力量有多大。要把炸药点燃起来，必须从两个方面着手：一是宣传群众，组织群众，

◁ 苏兆征故居

把群众发动起来；二是从上边争取那些行会组织的头面人物。”

大家对邓中夏的许多观点是赞同的，只是对争取行会组织的头面人物参加罢工，有人觉得困难较大。有人站起来问："这些人，不是把头，就是买办，成天只知道敲诈勒索，喝工人的血。他们能参加罢工吗？”杨殷说："这些人名利熏心。没有名，没有利，他们是不会干的。”

邓中夏说："这一点，我们已经估计到了。他们既然要名、要利，我们就抓住这一点做工作，给他们名、给他们利。他们参加罢工，就可以得到爱国的名声，也可以得到罢工经费的实利。如果他们不参加罢工，一旦工人跟着我们走，他们的名、利，也就完了。所以，争取这些人参加罢工，是完全有可能的。”

邓中夏的分析,合情合理,发人深思。大家表示,一定要克服困难,为发动罢工贡献力量。

香港的工会很多，派系复杂，乱如纷丝。邓中夏纵观全局，从这团乱丝中理出一个“头”。这个“头”，就是工团总会。

说工团总会是个“头”,有两条理由。第一,工团总会所属工会多,有七十多个，占全港工会总数一半以上，对罢工有举足轻重之势。第二，香港的工会，很多都被黑社会头目控制。在香港发动罢工，必须取得这些头目的赞助才有可能。工团总会会长黄金源、交际部主任梁子光，都是黑社会中的头面人物。只要把他们争取过来，就可以影响其他头目。

从哪里下手呢?

邓中夏认为，苏兆征在海员中有很高声望。现在，他虽然不是中华海员工业联合总会会长，但可以影响会长谭华泽，进而影响工团总会。

一天，邓中夏和杨殷专程拜访谭华泽。

谭华泽作为香港工会代表团成员，曾出席过第二次全国劳动大会。一见面，谭华泽就说：“那次大会，开得太好了。特别是邓先生，给我留下很深的印象。”

寒暄过后，邓中夏便开门见山地说:“我们这次来，有件重要事情，要与谭会长商量。”

谭华泽看到中华全国总工会秘书长来找自己商量事情，十分得意，说：“只要能办到的，兄弟一定效劳。”

邓中夏说：“为了支援上海人民的反帝爱国斗争，最近，中华全国总工会决定在香港发动大罢工，请谭会长大力赞助。”

谭华泽一听，显得很不自然，说：“兄弟对中华全国总工会的号召，一定拥护。只是，罢工爆发后，如果英国干涉，出现上海那样的流血事件，怎么办？”

邓中夏说：“只要大家团结、齐心，英帝国主义就不敢怎么样。”

杨殷趁势捧谭华泽一句：“谭会长热心爱国，这次一定全力支持。”

谭华泽欲退不能，就来了个顺水推舟：“兄弟爱国不敢为人后。既是这样，我和会里同仁商量商量。”

邓中夏、杨殷旗开得胜，接着去找工团总会会长黄金源。

杨殷在香港工作期间，已经和黄金源交上朋友。他向黄金源介绍邓中夏，说明来意。黄金源张口就问：“罢工以后，各工会由谁领导？”

邓中夏就说：“罢工由各工会发动。罢工工人回广州后，仍由各工会自己管理。”

黄金源又问：“上面由谁领导？”

“准备组织一个总的领导机关，吸收各工会领袖参加。”

黄金源以为大权在握，有利可图，立即表示参加罢工。工团总会交际部主任、车衣工会会长梁子光，从捞取名利出发，也表示赞助罢工，并答应在车衣工会举行第一次工会联席会议，研究罢工问题。

邓中夏、杨殷、苏兆征、黄平工作顺利，由点到面，逐步铺开。在车衣工会举行的第一次工会联席会议，有电话、清洁、肉菜、电车、海员、机器等工会的负责人参加。会上，邓中夏讲了这次罢工的目的、意义和要求，很多人都表示赞同，唯独华人机器会会长韩文惠没有表态。

华人机器会，是香港英国当局的御用工会。邓中夏认为，尽管韩文惠反对罢工，但我们可以把这个工会的工人群众争取过来，便派了几个党团员去做工作。

过了几天，邓中夏又在车衣工会召开第二次工会联席会议，成立了罢工的统一指挥机构——全港工团联合会。各大工会的头头、黑社会的头面人物，如黄金源、梁子光、谭华泽、胡荫、陈锦泉、冯敬、谭海山、刘汝泉、毛士珍等，都是这个机构的成员。

当邓中夏等领导人对工会的上层人士做工作的时候，每一个党团员、宣传员都包一个地方或者若干个工会，在工人群众中开展宣传鼓动工作。

木匠工会的郑全，分工向持平工会的工人宣传。工人经常去西营盘巧心茶楼饮茶，郑全也早午必到。

一天，郑全在巧心楼讲五卅惨案的真相。一个工人听了，大骂英帝国主义。正在这里转悠的警察要抓工人。郑全挺身而出，严厉质问警察："你是不是中

△ 1925年7月3日省港罢工委员会成立。图为部分委员合影，左五苏兆征，左六邓中夏。

国人？”

一向蛮横的警察，在工人义正词严的质问下，低着头灰溜溜地走了。

经过广泛的宣传、动员，工人群众初步发动起来了。罢工条件日渐成熟。

邓中夏转回广州，和陈延年研究下一步的工作。

邓中夏说，这次大罢工，斗争矛头直接指向英帝国主义。参加罢工的工人，不是一万两万，将是几十万。现在，香港各工会的领导人以及工人群众，最关心的一个问题，就是罢工工人回广州后，食宿问题能不能解决。这是关系到罢工成败的重大问题。解决这个问题，需要大笔经费。钱从哪里来呢？

陈延年和邓中夏一起去找国民党中央工人部部长、广东国民政府财政部长廖仲恺。他们说明来意后，廖仲恺立即表示，坚决支持罢工，答应由财政部每月拨款一万元，作为罢工经费。邓中夏随即回香港组织、发动罢工。

6月17日，邓中夏用中华海员工业联合总会的名义，在西营盘杏花楼茶居，召开工团总会所属各工会的群众大会，由苏兆征主持。

苏兆征说：“工友们！自从五卅惨案发生以来，全国各地都在支援上海人民的反帝爱国斗争。我们香港工人怎么办？为了让社会人士知道我们香港工人阶级热爱祖国，热爱中华民族，不愿做亡国奴，现在，我做个发起人，号召工团总会的工人行动起来，实行罢工，向帝国主义提出抗议。”

苏兆征的提议，赢得了雷鸣般的掌声。会上，成立了“工团总会罢工发难委员会”。

第二天，邓中夏以“宴客”为名，在杏花楼茶居举行香港工团代表会议，通过罢工日期、宣言、要求，为罢工做好组织准备。

会上，苏兆征和工团总会会长黄金源、交际部主任梁子光等，响应中华全国总工会的号召，当场宣布，决定罢工。其他工会的负责人，也宣布参加罢工。但是，也有一些工会的负责人，对罢工缺乏信心，采取观望的态度。6月19日，电车、华洋排字、洋务三个工会都宣布罢工了，而中华海员工业联合总会迟迟不动。

海员工会里，空气紧张到极点。

门外涌满了等待罢工的海员。

屋内，谭华泽坐在桌边，满头是汗，苏兆征在一边催促着下罢工令。

一些工人忍不住冲进大门，举起拳头，对着谭华泽叫："电车、洋务工会都罢工了，我们为什么还不罢？"

"你到底下不下罢工令？"

谭华泽见人们一个个怒气冲天，喊声把房子都震动了，吓得哆哆嗦嗦地说："罢、罢、罢。"

一个海员叫："罢就下罢工令，几个小时都过去了，你到底下不下？"

谭华泽脸色煞白，颤抖地说："马、马上下，马上下。"

罢工的命令终于下了，码头边、海面上，所有的船像得了麻痹症，一下都停下了，横一条，直一条，像死鱼一样浮在水面上。

紧接着，起落货工会、煤炭工会陆续宣布罢工。没有下令罢工的工会是香港华人机器会。因为邓中夏已派人去它所属的工会做工作，会长韩文惠虽然没有下令罢工，工人却自动罢工了。

香港政府慌了，连忙宣布戒严令。英帝国主义者在街头、屋顶上架上机枪，连铁甲车也开了出来。到处传说英帝国主义要进行大屠杀。人们纷纷返回广州，一天达好几万。车站边、码头旁，到处睡满了等着走的人。

6月21日，广州沙面的工人也宣布罢工。

揭开序幕

（31岁）

1925年6月21日，沙面中国工人宣布罢工后，沙面中国工人援助上海惨案罢工委员会发表宣言，指出："英、日、美、法等帝国主义，不但饮我中国人民之血，而且食我中国人民之肉。不但榨我等之血汗，而且取我等之生命。其压迫我中国人民，始则金钱，继则枪炮。今日我中国人民手足被缚，非自己解放，无人为我等解放。上海、汉口、青岛市民及工人，一日不胜利，我等一日不返工。为上海案而奋斗，为解除我等自身痛苦而奋斗！"

沙面罢工委员会决定：在广州市内英、日、美洋行工作的职工，于24小时内，一律停止工作；在其他国家洋行工作的职工，继续工作，实行月薪捐款。100元月薪的，捐款5元，作罢工经费。

沙面，在珠江岸边，与广州仅一河之隔，是英、法等国的租界。沙面工人罢工后，英、日等国开来八艘军舰，停泊在沙面附近的白鹅潭海面，给广东国民政府施加压力，他们还派水兵登陆，控制沙面的高楼楼顶和交通要道。

早在6月17日，广东工农兵学商各界人士举行代表会议，决定成立“广东各界对外协会”，通过援助上海人民反帝爱国斗争办法17条。

广东各界对外协会，是由中华全国总工会等团体组成的统一战线组织。6月22日，各界对外协会召开执委会议，由中华全国总工会代表郭素正主持。会议决定，6月23日，在东校场召开广东各界援助沪案示威运动大会，会后举行示威游行。

各界对外协会还致函省长公署，通告该日一律停业，以便各界群众参加大会的游行；自该日起，广州全市下半旗，市民臂缠黑纱7日，以示哀悼。

23日，罢工回到广州的香港、沙面工人和广州工农商学兵各界群众约十万人，手持“援助上海人民反帝斗争”的小旗，陆续开进东校场。

大会后，游行队伍以工人为前导，浩浩荡荡，从东校场出发，由惠爱路转入永汉路，经西濠口来到沙基。群众高喊口号，队伍整齐，秩序井然。

沙基与沙面，一河之隔，河上有东桥、西桥两座桥，把沙基与沙面联系起来。这时两桥交通已经断绝。沙基属广州第九区警察署管辖。九区二分署署长何元钧率领警员，分别在沙基两面的东、西桥下维持秩序。

3时20分，当工人、农民队伍走过沙基，转入内街，学生队伍来到沙基调元街口的时候，沙面域多利酒店楼顶的英国士兵突然向游行队伍开枪射击。岭南大学教师区励周和学生许耀章当场被打死。跟在岭南大学队伍后面的坤维女中、第二高小的中小学生也遭枪击，许多学生受伤。

英国士兵听到域多利酒店的枪声，立即用机关枪向沙基的游行群众扫射。停泊在白鹅潭海面的英、日军舰，也开炮向沙基射击。

下午4时，大雨倾盆，沙面方面才停止了射击。

据救护队统计，在沙基惨案中，有54人被打死，117人受重伤，轻伤的不计其数。

△ 英国领事馆旧址

英帝国主义者制造了沙基惨案，还来了个恶人先告状。英国领事杰弥逊照会广东国民政府，声称这次事件，是黄埔军校学生军“首先开枪，至百响之多”，沙面方面才“不得不还击”。

在沙基维持秩序的第九区警察署二分署署长何元钧，也以自己目睹的实情，向上级写了报告。

何元钧说：“2时15分，巡行大队到来，都严守秩序，沙面内有外国人全副武装站立观望。巡行者虽高呼口号，但并没有任何过激行为，所以安然无事。在3时20分，巡行大队前队已过去八九成。工人、学生将随后转入内街时，沙面外国人忽然躲避起来，学生正到沙基调元街口附近之际，沙面域多利酒店楼上，不知什么原因，竟开枪向巡行群众射击。而英国工部局一听到枪声，就用机关枪向沙基一带射击。不一会儿，沙面射击的枪声如连珠炮。白鹅潭上的外国军舰，也开枪向北岸射击。我巡行各队，均纷纷走避，并无还枪射击，而他们竟开枪一小时之久，也没有停止，以至于我方民众死伤众多。为此市民大巡行，也只求伸张公理，并无越轨行动。而沙面内凶徒，竟无故开枪射杀我国多人，实在是横暴已极。”

7月11日，广东各界人士举行沙基惨案烈士公祭大会。参加的有省港罢工工人和广州各界一百多个团体，约十万人。大会庄严、隆重。主祭人献上红花数朵，放在54位死难烈士灵前，并宣读祭文，表示要继承烈士的遗志，同帝国主义战斗到底。

卓越才能

☆☆☆☆☆

（31 岁）

沙基惨案，是英帝国主义对省港大罢工的武力镇压。但是，洋枪洋炮没有吓倒省港工人，反而进一步激发了他们的战斗意志。到 1925 年 6 月底，香港的罢工工人就达 25 万。

省港罢工初期，面临着一个形势复杂、斗争险恶的局面：既要和英帝国主义以及各种反动势力对于省港罢工的破坏作斗争；又要妥善解决罢工队伍内部存在的各种实际问题，统一反帝斗争认识的步伐，保证有效地进行反帝罢工斗争，因此当时的首要大事，就是必须迅速建立一个坚强和健全的组织。

在中共广东区委和中华全国总工会的领导下，邓中夏、苏兆征、林伟民和李森等人积极投入了建立罢工领导机构、健全罢工组织的工作中。他们根据运动领导罢工斗争的实践经验，决定建立罢工工人代表大会和罢工委员会作为团结广大罢工工人与帝国主义作斗争的指挥部。

但是，建立一个坚强健全的罢工领导机构，并不是一件轻而易举的事情，其中贯穿着一系列的复杂斗争。当时，香港工团总工会会长黄金源、交际部长梁子光等，在国民党右派等反动势力的怂恿和支持下，千方百计地想把罢工领导权抢到自己手中来，以使罢工中途夭折。他们先是反对组织罢工委员会作为统一的指挥部，主张香港、沙面各设一套机构，各行其是。他们极力反对中华全国总工会对于罢工的领导，实际上是反对中国共产党的领导，力图把这场罢工置于国民党右派反动势力的控制之下。在罢工工人代表大会的代表产生问题上，他们又反对按人数比例选举代表的正确主张，提出要以工会为单位，无论工会大小都一律选举同等数目的代表，这样，他们就可以占据多数名额，从而操纵工人代表大会。

针对这种情况，邓中夏、苏兆征等对他们进行耐心说服教育，告诫他们不要闹分裂，应以反帝斗争大局为重。在问题处理上，邓中夏等对于一些原则性问题毫不让步，但对一些非原则问题则适当迁就。例如在坚持成立统一的领导机构罢工委员会同时，可以保留一些黄色工会头目当负责人的香港工团联合会等组织，让他们在不违反罢工斗争利益的情况下继续活动，从而分化瓦解反对势力，团结了广大罢工工人，同心同德地进行反帝斗争。

经过一再宣传教育，终于通过了由香港罢工工人方面选出苏兆征、何耀全等七名代表，沙面罢工工人方面选出曾子严、黎福畴等四人为代表，再加上中华全国总工会选出林伟民、李森两人，一共十三人，组成了罢工委员会。

7月3日，罢工委员会正式成立。在林伟民主持下，罢工委员会举行第一次会议进行选举，大家一致推选苏兆征担任罢工委员会委员长，何耀全、曾子严为副委员长，聘请廖仲恺、汪精卫、邓中夏、黄平等为顾问。

◁ 苏兆征

邓中夏设计了一个组织系统表，表明各组织之间的相互关系，表的内容是省港罢工委员会下设：干事局处理罢工委员会日常事务；财政委员会筹措及管理罢工经费；纠察委员会指挥工人纠察队；保管拍卖处保管拍卖工人纠察队截获的仇货；审计局审核各部门的开支账目；会审处处理破坏罢工的案件；拘留所关押破坏罢工的犯人；劳动学院培训香港、广东的工会干部；工人医院给罢工工人治病。省港罢工委员会还出版自己的机关报《工人之路》。省港罢工工人代表大会是最高权力机关。

黄金源不得人心，没有被选入省港罢工委员会。邓中夏把他安排在纠察委员会任工人纠察队总队长。干事局局长一职，事务繁重，责任重大，管理一二十万人的衣食住，经手很多钱财物。梁子光认为，这是个大有油水的差事，眼睛直盯着它。

一天，梁子光气呼呼地对邓中夏说："现在外边议论可多啦！大伙都说李森怎么能当干事局局长呢？应该由发动罢工的人担任嘛！大伙还说，这次罢工，功劳最大的是香港的工会，人也多，可是回到广州，根本瞧不起我们，这叫什么事？”

邓中夏看透了他的来意，便笑着说：“这次，很多工会领袖，连你在内，都还没有很好安排工作，罢工委员会正准备好好研究一下。”

事后，邓中夏对李森说：“这只是梁子光少数人在那里兴风作浪，群众是不会投他们的票的。为了更好地解决这个问题，我看还是采取以退为进的办法，明天由你主动向罢委会提出辞职，推荐梁子光来代替。”

李森笑了笑，同意了。

果然，李森向罢委会两次辞职，但都被大家挽留了。

这一来，把垂涎干事局长位子的梁子光气坏了。他们捏造的谎言，被彻底揭穿了。

后来，为了团结、照顾这些人，罢委会安排梁子光当了招待部主任。

梁子光仍不罢休。8月8日，省港罢工工人代表大会举行会议。罢工委员会的一个委员，正在代表会上报告工作，梁子光突然站起来，污蔑罢委会有受贿行为。苏兆征立即在会上作了解释。可是梁子光不但不听，反而在台下起哄。顾问黄平为了维持秩序，出来讲了几句话。梁子光竟趁势鼓动打手，说顾问骂人，冲上去要打，搅散了大会。

第二天，梁子光不甘心，又纠合一班人，召开全港工团委员会，想把事情闹得更大。机器工人彭明，在会上说了几句公正话，当场遭到毒打，幸亏跑得快，才没被打死。

邓中夏得到消息，当晚召开了党团会。大家分析梁子光有更大的野心，是要阴谋推翻整个罢委会，便决定给以有力的回击。

在又一次代表会上，让彭明带着伤，揭露梁子光的阴谋活动，群众听后气愤，一致通过决议，宣布梁子光等人为工贼，并把几个打手抓了起来。这一来，梁子光害怕了。最后，终于在会上公开承认了错误。

从此，梁子光等人的气焰再也嚣张不起来了。

罢工工人组织起来以后，显示了很大的威力。每逢开什么大会，有什么群众活动，他们总是打着大旗，敲着锣鼓，成千上万地涌上街去。平时，各个码头、要道口，经常站着荷枪实弹的工人。大街上，一队队的纠察队，整日里走来走去，到处充满了热烈的革命气氛。

那时，罢工委员会的办公地址在东园，这是过去资产阶级吃喝玩乐的一个游乐场所，罢工后，成了罢工委员会的总指挥部。罢委会完全采取民主集中制，体系相当严密而灵活，就像一个小小的政府——由工人阶级掌握的红色政权。因此，人们就称之为“东园政府”。帝国主义为了挑拨政府和工人的关系，也趁机散布说广东有两个政府。这样一来，果然引起了一部分资产阶级的慌乱。

邓中夏听到敌人的挑拨，立即进行批驳。

在一次群众集会上，为了揭穿敌人的诡计，他说：“大家知道，东园是省港罢工委员会的所在地，罢委会主管的一切，都是与罢工有关的，从来没有代替政府，也没有行使过政府的职权，帝国主义这种说法，不过是想挑起政府和工人的分裂。我们要彻底粉碎他们的罪恶阴谋！”

后来，在工人代表会上，他又充满自信地说：“当然，敌人既然说我们是第二政府，这又有什么了不得呢？应该知道，我们工人阶级，是要有自己的政府的。今天的大罢工，就好比是一所试验工人专政的大学堂，它训练我们怎样管理国家，怎样掌握政权。你们看，现在我们有“群众”、“团结”、“奋斗”、“胜利”四只军舰，它好比是我们的海军。有几千工人纠察队，它好比是我们的陆军。还有罢委会，作为我们的最高的领导机关。有工人代表大会作为我们的最高权力机关。还有《工人之路》报、医院、学堂、食堂等等的一切。现在，我们在广州一地，好像是个小鸡，慢慢培养、发展，就会成为一个大鸡，大鸡慢慢又会生出许多小鸡，小鸡慢慢又会变成许多大鸡，就这样越来越大，越变越多，就可以一步一步发展到全国各地！”

全体工人代表听了，都感到非常的自豪和兴奋。

省港罢工委员会和工人代表大会，在整个罢工期间起到了巨大的作用，成为了广大工人阶级的战斗堡垒。

光辉策略

☆☆☆☆☆

（31 岁）

邓中夏在总结上海罢工的教训时说：“上海五卅运动没有取得什么直接的结果，固然是由于资产阶级的出卖，小资产阶级的怠工，然而最主要的原因，是由于无产阶级的孤立，无产阶级没有取得广大农民与城市贫民的赞助而孤立。”

工农联合问题，第二次全国劳动大会就已作出《工农联合的决议案》。这个决议案指出：“工人阶级要想推翻现存制度，必须结合反对现存制度的一切革命势力，因此，他应该努力找寻他的同盟者。这种同盟者的第一个，就是农民。无产阶级倘若不联合农民，革命便难成功。”

然而，五卅运动爆发后，陈独秀认为工人阶级的力量不行，把争取农民的事也丢在一边，这引起邓中夏极大的愤怒。

省港罢工以后，邓中夏非常重视工农联合问题，号召工友们到农民中去，加强工农团结，展开对帝国主义的斗争。

当时，回到广州的25万罢工工人，其中半数以上的工人回到故乡，参加农民运动，有的成为农民运动的组织者和领导者。

然而，在罢工斗争中，要真正实现工农联合，共同对敌，并非一件容易的事。

省港大罢工一个重要的决策，是对香港实行经济封锁。

由于历史的原因，沿封锁线的农民，同香港的关系非常密切。他们把农产品销往香港，又从香港买回农用物资和日用工业品，历来如此。现在，对香港实行经济封锁后，农民的农产品销不出去，需要的东西买不回来，这个矛盾不好解决。而封锁香港，又必须得到农民的支持。否则，工人纵然有天大本领，那漫长的封锁线，是封锁不住的。该怎么办呢?

1925年7月28日，邓中夏在《工人之路》发表《怎样实行工农联合》一文，提出自己的见解。

邓中夏说：“‘工农联合’这一个口号，自从第二次全国劳动大会以后，已经普及于全体工友，个个都认为是我们解放路程上所必须采取的策略了。”

接着，邓中夏说：“可惜这一次我们反对帝国主义的运动，农友们因为地理上所限，尚不十分明白，有时有少数农友为了一点私利，偷运粮食出口的事情，所以我们必须派人到农村去宣传，自然可以借此纠正少数农友的错误行为，也可以从此结成工农阶级的联合基础。”

最后，邓中夏说：“广东省农民协会要我们派出工友在农民运动讲习所上课两周，随即出发。这是一件很急切很有价值的事，热心的工友们，千万不要错过机会！”

省港罢工委员会同广东农民协会商定，在广州农民运动讲习所，开办为期半个月的罢工工人训练班，培训农民宣传员。

一天，几个工人跑到罢工委员会来找邓中夏。

邓中夏正在给《工人之路》写评论，抬头见他们一个个笑容满面走来，便问：“什么事这么高兴？”

一个叫老方的工人，兴奋地说：“邓顾问，我们快要走了，是特地来向你辞行的。”

“上哪儿？”邓中夏奇怪地问。

“到农民运动讲习所。”老方得意地看看伙伴，“学半个月，我们就要下乡了。”

邓中夏欣喜地说：“呵，太好了，去搞农民运动，这个任务很光荣，也很艰苦呢。”

大家笑着说：“不要紧，都准备好了，不完成任务坚决不回来！”

邓中夏兴奋地看着大家，深情地说：“是的，农民是我们的同盟军，他们受的痛苦与我们的工人是一样的。这次下去，要很好地团结、组织他们。”

罢工工人带上《工人之路》报、传单、农民协会的组织章程和其他宣传品，深入到中山、顺德、南海、番禺等十多个县，协助当地的农民组织农民协会和自卫军，发动他们进一步加强对香港的封锁。许多罢工工人还组织了剧团，分头到农村作巡回演出，激发人民的反帝、反封建的斗志。在罢工工人广泛的宣传、组织下，各地农民纷纷建立了自己的农会，展开了反对苛捐杂税的斗争。有的夺回了被克扣的粮食，有的没收了土豪的公堂，有的甚至缴掉了反动民团的枪支。在艰难困苦的岁月里，罢工工人不辞劳苦，不怕困难，刻苦工作，受到了农民的热烈欢迎。

为了解决封锁香港同农民的矛盾，照顾农民的利益，省港罢工委员会颁布《特准宝安农会农民经过英界条件》，准许农民去英界购买化肥、米、盐，还准许农民带着耕牛去英界耕种花田。

省港罢工委员会还给工人纠察队委员会发出《关于咸鱼运输办法的训令》，解决沿海农民、渔民吃咸鱼的问题。

由于省港罢工委员会认真解决封锁香港同农民的矛盾，切实维护农民的利益，第一次实现工农联合。这种工农联合，经过战斗的洗礼，发展成为工农联盟。

1925 年 7 月 9 日，省港罢工委员会发出《实行封锁香港通电》。

第二天，省港罢工委员会工人纠察队便开赴沿海各港口，实行武装封锁，断绝广州至香港的交通，严禁粮食、农副产品运往香港。

广东国民政府支持省港罢工委员会封锁香港，把铁甲车队调到深圳驻防，协同工人纠察队实行武装封锁。国民政府还在全省范围内开展抵制英货运动，严禁英货入口，一经查出，充公处罚。

在纠察队严密的封锁下，香港受到了沉重的打击。

市场上一片混乱，粮食、副食、蔬菜来源断绝，价格一日数涨。猪肉涨到 1 块多 1 斤，鸡蛋 5 毛多 1 个，而在先前，5 毛可以买 15 个

▷ 东园之红楼（1925年省港罢工期间，曾成为省港罢工委员会指挥部）

鸡蛋。由于食品奇缺，香港成为“饿港”。

香港本是世界上最繁荣的商埠之一，如今，商店歇业，轮船停驶，输出入货物减少一半还多，到港船减少80%以上。由于对外交通几乎断绝，香港成为“死港”。

香港的街道，由于工人罢工，无人打扫，垃圾如山，黑色的臭水泛起白沫在街道上横流。更好笑的是，香港出现了一种非常厉害的新式武器，叫做“飞天屎”。原来，马桶没有人倒，住在高楼上的人家只得把屎拉在纸里，从窗户扔下去，谁要走在街上不当心，就会挨一脑瓜屎，简直叫人胆战心惊。就这样，在短短的时间里，香港弄得遍地是屎，臭气冲天，成了名副其实的“臭港”。

几个月下来，英帝国主义受到了很大的损失。可是由于封锁，外边的货物运不进来，广州本身也遇到了困难。粮食不足，燃料缺乏，物价上涨，到处可以看到市民在抢购东西。市场上，不少货架空了，商人的营业受到严重的影响。人们的情绪开始波动。罢工初期，各处茶楼、酒馆墙上贴着“欢迎反帝罢工回国工友”、“优待罢工工友到本楼饮茶”的标语、招贴，现在也渐渐不见了。而且，到处传播着商人对罢工的怨言。说什么“商人赔本了,万岁友发财了！”(“万岁友”是一些商人、市民对罢工工友的轻蔑称呼,因为他们开会、游行时,经常喊“万岁”。)“这一下可把我们生意人害苦了！”有人甚至恶毒攻击说:“什么封锁?简直是借故勒索!”

英、美、法、日等帝国主义对广州的联合封锁，更增加了工人们的困难。罢工遇到了严重的威胁。大家议论纷纷,但提不出好主意。

邓中夏正确地分析了帝国主义阵容，感到各国帝国主义者虽然都是侵略者，但华南主要是英帝国主义者的势力范围，广东市场完全为英帝所把持，市场通用的货币、广东的海关也掌握在英国人手中，沙面的帝国主义头子也是英国人。日、美、法各国也与英国之间存在很大矛盾。在这种科学分析基础上，邓中夏认为树敌太多对我们自己不利，对帝国主义应该区别对待，应该分化敌人。实行“单独对英”的策略。

苏兆征欣喜地说：“这个办法，真是太妙了！”

邓中夏、苏兆征在党团员和群众中做了大量艰苦细致的工作，大家的思想统一了。

省港罢工委员会发表了《关于设立特许证的通告》，规定：“凡非英国产品及不由英国船只又不由香港运来者，一律准发给特许证。其所有领到特许证，准其存入非英国货仓，并准其出仓。”

“单独对英”策略，拆散了各帝国主义国家的联合阵线，孤立了英国。华南一向是英国的势力范围。广东市场完全被英国把持。现在，省港罢工委员会实行针对英国的“特许证”制度，在日、美、法等国看来，这是在广东市场上取代英国的大好时机。各国的公司、洋行、商船，纷纷前来广州。他们为广州送来了大量的粮食、煤炭、石油。

自实行“特许证”制度后，广东的经济摆脱了香港的控制，得到了独立发展。广东的商务也发生了翻天覆地的变化。广州不仅与海外建立直接交通，而且因为封锁香港，内地从香港采办货物的，也改为在广州采办，广州的批发商业因而得以骤然兴盛。这样促进了工商联合，广东商人不但不反对罢工，还积极支持罢工。

罢工得到了有力的巩固。英帝国主义更加头疼了。

红色炮台

☆☆☆☆☆

（32 岁）

实行“单独对英”和“工商联合”的政策后，省港大罢工的形势大为好转，局势稳定。但在几个月的斗争中，邓中夏也深深感到香港的罢工工人队伍是好的，却处在许多坏头头的控制之下。他们要名誉，要地位，有了职位又常常滥用职权图谋私利。这支队伍不改造必然影响罢工斗争。

工会是一座“红色炮台”，炮台建设不好，就不能打倒帝国主义。从 1925 年年底起，邓中夏就在香港工人中发动了一场统一香港工会的运动。

为了发动广大工人群众克服阻力，提高大家对统一工会重要意义的认识，从1925年11月起，邓中夏就在《工人之路》上连续发表了《怎样保证工人罢工胜利》、《炮台政策》、《保障罢工省力的两个炮台》、《前方炮台怎样建筑》等一系列文章。

1926年4月，在广州召开了香港工会第一次会员代表大会，会议听取了邓中夏的政治报告，讨论通过了《香港总工会组织章程》，选举产生了总工会领导机构，这次大会开了11天，闭幕式上邓中夏又做了《我们要巩固已建成的炮台》的报告。从此，香港的工人运动进入了一个新的发展阶段。

香港工会组织整顿之后，邓中夏又对广州的工会进行了整顿。为了建设工会组织，邓中夏非常重视和培养工人干部。1926年6月，省港罢工委员会又和中华全国总工会联合举办了“劳动学院”，由邓中夏担任院长，刘少奇、恽代英、黄平等任教员。劳动学院第一次招收学员170名，主要是培养省港大罢工的领导骨干。

为了加强工人阶级战斗力，邓中夏还特别重视建立和加强工人武装，建立了工人纠察队，这支队伍在大罢工中发挥了重要作用。

挺立紧要关头

(1927)

出任中央秘书长

☆☆☆☆☆

（33 岁）

四一·二反革命政变后不久，中国共产党为挽救革命危机，于 1927 年 4 月 27 日至 5 月 29 日，在武汉召开了中国共产党第五次全国代表大会。大会的中心议题是总结过去的工作，讨论目前形势和革命发展的前途，确定党在最近时期的任务。邓中夏出席了会议，和同志们一道批评了陈独秀的错误。这次大会还改选了中央委员，邓中夏再次当选为中央委员。

1927 年 6 月 19 日下午，第四次全国劳动大会在武汉正式开幕。出席会议的代表四百多人。6 月 30 日，大会选举了中华全国总工会的领导机构，邓中夏继续当选为执行委员，后又被选为常委兼宣传部长。

为了应付极端复杂的政治局面，党中央急需加强中央秘书厅的工作。因此第四次全国劳动大会尚未结束，大约在 6 月 24 日，政治局正式决定，邓中夏任中共中央秘书长。第四次全国劳动大会结束后，邓中夏立即全力以赴投入了党中央的繁重工作。大部分同志分散到外地工作，中央的几位领导也相继到庐山。

南昌起义策动者

☆☆☆☆☆

（33岁）

1927年7月19日，邓中夏和李立三两人奉党中央的命令到达九江，准备和我军负责同志叶挺等人研究我党我军随张发奎南下问题。

7月20日，在九江的谭平山、李立三、邓中夏、聂荣臻、叶挺等五人，由谭平山主持，召开谈话会，会议分析了当时的政治军事形势。认为“在政治上武汉政府已完全反动”，张发奎态度犹豫与右倾，依张发奎很难伐功，纵然回粤伐功，也将与我们回粤号召农民运动，实现土地革命，建立新的革命根据地之目的完全相反。“军事上已到了极严重时期”。大家一致认为应“决定一独立的军事行动，即刻联合贺龙的军队，向武汉政府示威，作一个革命的许克祥，反对武汉政府。”谈话会最后决定，在军事上我军要“赶快集中南昌”实行南昌暴动，“在政治上反对武汉、南京两政府，建立新政府来号召”。将会议提出的举行南昌暴动的意见报告中央，同时加紧工作，待中央命令一到即举行暴动。这次谈话会意义重大，第一次明确提出了举行南昌起义。

△ 1927年，南昌起义时的贺龙。

21 日，李立三、邓中夏上庐山，向鲍罗廷、瞿秋白、张太雷通报了九江谈话会关于集合叶挺、贺龙部队在南昌举行起义的意见，鲍、瞿、张三人表示赞同。22 日，瞿秋白把在九江负责同志之意见带回武汉，请中央即速决定。鲍罗廷、李立三、张太雷继续讨论南昌起义问题，并请聂荣臻、林祖涵（林伯渠）上山，进一步了解部队的情况和起义的准备。22 日傍晚张太雷、聂荣臻、林祖涵（林伯渠）下山，张太雷把与鲍、李、聂研究的意见带回武汉。

7月23日，贺龙到达九江，南昌起义能否举行，一要待中央决策，二要看统率二十军的贺龙的态度。二十军不参加，南昌起义也不能举行。贺龙此时虽不是共产党员，但他多次向他的政治部主任、共产党员周逸群提出要求加入共产党，愿接受党的领导。谭平山做贺龙的工作，“介绍各省代表谒贺，又得叶挺出来说硬话，于是贺之主任更为坚决”。贺龙就在驻地塔公祠接见九江工农代表。

7月23日，奉中共中央命令，李立三、邓中夏、谭平山等在九江召开第二次会议。恽代英传达了中央精神。会议进一步研究了当前形势和南昌起义问题。会议为南昌起义制订了政治纲领、组织章程和行动计划。“会议决定：叶、贺于28日以前集中南昌，28日晚举行暴动，并急电中央征可否”。这次会议决定组织中国国民党革命委员会为集中政权、党权、军权之最高机关以反对宁汉政府和中央党部，继承孙中山创建的国民党正统，没收大地主土地，实行劳动保护法为暴动之目的。在这项纲领领导下，用国民党中央委员联名名义发表宣言。九江第二次会议对南昌起义发起的时间、部署及各种具体问题都进行了研究，已经把南昌起义推进到实施阶段。会后恽代英开始着手起草《中央委员宣言》。

中共中央于7月24日在武汉召开会议，讨论了在九江的李立三等人的报告，作出同意举行南昌起义的决定，并任命周恩来为中共前敌委员会书记，主持南昌起义。

7月26日，周恩来携陈赓赶赴九江，向李立三、谭平山、邓中夏、恽代英等传达了中央的决定，听取了他们有关第二次九江会议的情况和南昌起义准备工作的报告。周恩来表示“形势现已如是，对在浔同志的意见完全同意”。并统一了大家的认识，积极作南昌起义的军事准备。派邓中夏将南昌起义的详细计划带回武汉报告中央。邓中夏虽然没有直接参加南昌起义，但当时最早提出南昌起义的主张，他的建议、努力和功劳不可磨灭。

7月底，邓中夏从九江回到武汉，向党中央详细汇报了南昌暴动计划和准备工作后，又立即投入八七会议的筹备工作中。

八七会议是第一次国内革命战争失败以后，在关系党和革命事业前途和命运的关键时刻，中共中央政治局于1927年8月7日在汉口召开的紧急会议。

为了总结大革命失败的经验教训，纠正陈独秀的右倾投降主义错误，确定党在新时期的斗争方针和任务，

△ 南昌起义纪念馆雕像

在共产国际的帮助下，1927年8月7日，中共中央在汉口原俄租界三教街41号(现为鄱阳街139号)召开了中央紧急会议即八七会议。由于时局紧张，交通不便，只有在武汉的中央委员，中央候补委员，中央监察委员，共青团中央委员和湖南、湖北的负责人参加了会议，共计22人。共产国际代表罗米那兹及另外两位俄国同志也参加了会议。

由于白色恐怖，形势紧迫，会议仅开了一天。会议共有3项议程：1. 共产国际代表作报告；2. 中央常委代表瞿秋白作报告；3. 改选临时中央政治局。

首先，由共产国际代表罗米那兹作了关于《党的过去错误及新的路线》的报告和结论。然后，他就《中国共产党中央执行委员会告全党党员书》草案的主要内容作了发言。毛泽东、邓中夏、蔡和森、罗亦农、任弼时等先后发言，尖锐地批判了陈独秀的右倾投降主义。毛泽东在发言中批评了陈独秀在农民、军事等问题上的错误，强调军事工作的极端重要性，明确指出“政权是由枪杆子中取得的”，第一次提出了枪杆子里面出政权的思想。接着，瞿秋白代表中央常委就党的任务和工作方向问题作了报告。会议通过了《中共“八七”会议告全党党员书》、《最近农民斗争议决案》、《最近职工运动议决案》、《党的组织问题议决案》等。

会议总结了大革命失败的经验教训，坚决纠正和结束了陈独秀的右倾投降主义错误，撤销了他的总书记职务。会议确定以土地革命和以武装反抗国民党反动派的屠杀政策为党在新时期的总方针，并把发动农民举行秋收起义作为党在当时的最主要任务。

会议选举了新的临时中央政治局：政治局委员为苏兆征、向忠发、瞿秋白、罗亦农、顾顺章、王荷波、李维汉、彭湃、任弼时；

候补委员为邓中夏、周恩来、毛泽东、彭公达、张太雷、张国焘、李立三。

总之，八七会议在我党历史上是一个转折点。它给正处在思想混乱和组织涣散中的中国共产党指明了新的出路，为挽救党和革命作出了巨大贡献。这是由大革命失败到土地革命战争兴起的历史性转变。

但是，八七会议在反对右倾错误的时候，没有注意防止“左”的思想的出现，使“左”倾情绪在党内滋长起来，给后来的中国革命造成很大的危害。

出任省委书记

（1927—1928）

领导江苏省委

☆☆☆☆☆

（33–34 岁）

八七会议结束后不久，邓中夏就被党中央派往白色恐怖笼罩的上海担任江苏省委书记。

从四·一二政变到 1927 年底的八个月中，全省被杀害的革命志士达 1863 人。其中许多为各级党的组织骨干，江苏各地的党组织全部处于瓦解或瘫痪状态。邓中夏就是在这样的情况下到任的。

1927 年 8 月中旬，邓中夏、王若飞、刘伯坚、郑覆他、华岗组成省委常委，邓中夏任书记。立即抓了恢复党的各级组织，月底，陆续派出新的负责人到各地，不久，全省工作逐步恢复正常。

省委为贯彻八七会议的总方针，9 月召开全体委员会进行传达讨论，并发出《农民运动工作计划》(第一次) 指出农运主要工作是抗租抗税、抗捐，在各地要造成暴动的形势。省委派人到各地组织领导暴动。

11 月 1 日，宜兴人民举行了震撼大江南北的秋收暴动。与此同时，省委发出《江苏农民运动计划》(第二次)，认为农运的政治路线是直线的，即由抗租抗税发展到红色恐怖，杀尽豪绅官吏，没收地主土地，一切政权归农委会。成立了江北、江南特别委员会，指挥暴动。9日，省委又通过了组织全省暴动的《紧急决议案》，要求在15日前有党员的地方均应发动农民暴动。无锡、海门、江阴接连发生暴动。

12月5日，省委又发出《江苏农民运动第三次计划》，次年1月制订了《江苏各县暴动计划》，认为客观形势已到了“直接革命”的时候，要发动群众创造总暴动的局面。具体规定了无锡、江阴、常州、宜兴等县在阴历年关必须发动游击战争，海州、靖江、泗阳等县应努力发展游击战争。在此前后，农民暴动风起云涌，惩办了土豪劣绅，劳苦大众欢呼雀跃。但在严重的白色恐怖下，暴动相继失败。1928年7月，中共六大后，省委总结了前一阶段农运的经验教训，通过《江苏农民秋收斗争决议案》，指出江苏不是总暴动时期，要竭力洗刷以前盲动主义的错误。

恢复上海的罢工运动，1927年11月间，在邓中夏等人的领导下，沪东纱厂开始举行同盟罢工。经过中共沪东区委和上海总工会的发动，永安纱厂一厂的3100多名工人在党支部的带领下于11月1日开始罢工。资本家立即勾结巡捕房将12名罢工骨干以“共党嫌疑犯”罪名逮捕。上海总工会便以扩大罢工来反击，并提出了立即释放被捕工人的要求。11月7日，厚生纱厂1800名工人加入罢工行列。10日，纬通纱厂1600名工人也响应罢工。

但是，由于罢工本身的指导思想是要达到暴动，经济要求仅仅作为一种手段，强调了政治要求，从而减弱了工人对罢工的积极性。沪东中外纱厂资本家则联合起来对付工人的罢工。在这种情况下，党员和工会干部的活动非常困难，邓中夏等同志此时也意识到：“沪东此次罢工，因工作同志执行策略未透彻，未能团结罢工群众，渐趋严重局面。故在工作方针上，应有转变的必要。”

在 11 月 19 日《沪东罢工给沪东区委的训令》中提出：(1) 暂不扩大于英日纱厂；(2) 改变总的解决形式，由各厂代表直接与厂家交涉以求各别分途解决；(3) 要求承认厂工会等五点，以结束罢工。但此出为时已晚，各厂工人几乎没有得到任何利益，工人一方面迫于生计，另一方面畏于暴力，于 24 日陆续复工，罢工完全失败。事后，各厂开除工人百余人；上海中、日、英纱厂资本家进而组织了上海纱厂联合委员会以共同对付工人的反抗。在沪东纱厂工人同盟罢工的同时，英商上海电车公司工人的罢工是较有影响的。四·一二后，沪东"英电"机务部部分未暴露的党员金伯棠、乔生发等，在逆境中坚持斗争，秘密地开展工作，团结工人群众，成立了电车工人会，会址仍设在榆林路电车工人俱乐部内。11 月，"英电"一司机被公共租界巡捕流弹打死，一司机因公轧坏右手。"英电"不肯给予抚恤和救济，还将因公受伤的司机开除，引起"英电"工人的强烈不满。为抚恤死者和恢复受伤司机工作并给予救济，电车工人会在上海市政总工会领导下，于 11 月 19 日向"英电"公司资本家交涉，提出承认电车工人会有代表工人之权，给予死伤司机抚恤费、医药费，增加工资，改善待遇等多项条件，限资本家 3 日内答复。但资本家态度强硬，置工人要求于不顾，不承认电车工人会，认为这项条件是"过分的要求"，并勾结巡捕房于 11 月 25 日查封电车工人会。

"英电"机务部很多工人愤而在 28 日开始罢工，提出启封电车工人会的要求。资本家拒绝要求，并加强防范，在沪东、沪西的汇山车栈和静安寺车栈派多名巡捕守卫。8 日，电车全部停驶。至 17 日，罢工已使资本家造成严重的经济损失，使他们开始恐慌起来。他们虽然口头上坚持不承认电车工人会，认为它是受共产党控制的，但私下又在试探："倘若答应工人一些要求，罢工可否停止？"19 日，资本家宣布，年赏增为12.8%，如每月薪金10元，加年赏1.28元，余可按级类推。并答应付给工人罢工期间的工资。但限令车务部工人一律于20日复工，机务部于24日复工，20日起开始有部分电车开出，至24日，机务部工人也以“不准开除或拘捕罢工工人”为先决条件而复工。“英电”工人长达26天的罢工，除在年赏上稍取得一点利益外，其余条件均没有实现。

在邓中夏主持江苏党的工作期间，在反动势力十分猖獗的上海，能把工人运动恢复到这种程度，实在是不容易。

领导广东省委

（34岁）

1928年2月，邓中夏被党中央派往香港，任广东省委书记。

广州起义失败后，张太雷同志牺牲，党中央随即任命李立三为广东省委书记，负责处理起义失败的善后事宜。起义失败后，广东党内对省委领导普遍意见很大，李立三未作调查研究就附和一些人，指责另一些人，导致一部分同志纷纷向中央告状，造成广东党内的混乱。中央了解这一情况后，立即调邓中夏去广东接替李立三的职务。

◁ 旧广州街景

当时广东省委机关设在香港，邓中夏对部分同志进行了有力的说服教育工作，产生了良好的效果，逐步消除了党内的埋怨和对立情绪。

一天下午，天气晴朗，在香港竖道一座小洋房的二楼上，邓中夏正在主持省委的常委会。

窗边，坐着一个望风的人。街上非常清静，只有偶尔过路的行人。

邓中夏穿着一件老棉袍，留着浓黑的大胡子，正在低声念着琼崖特委的指示信。信念完后，邓中夏问大家："大家看看，对特委的指示，有什么意见没有？"

"同意！"

"我同意！"

"我也同意！"……

"好，一致通过！"邓中夏看了看表，叫道："小张，琼崖交通员几小时后就要上船，你赶快把这封信送到秘书处，要他们用米汤写好，立刻发出。”

小张送信刚走没多久，邓中夏他们忽然听到外面警车声大作，省委机关被包围了。怎么办？出是出不去了，邓中夏果断地命令大家赶紧散开，装作互不认识的样子。不久，许多荷枪实弹的警察冲了进来。一封给东江特委的指示信，被敌人抄了出来。就这样，所有的同志都被捕了。

敌人把邓中夏他们押上警车，一路呼啸着向警备司令部驶去。一路上，大家都急得要命，因为省委同志全部被捕，这损失实在太大了。只有邓中夏紧紧地锁着眉头，好像在思索着什么。

敌人开始审问了。

“叫什么名字？”

“杨富贵。”邓中夏随口说了个假名。

“干什么的？”

“在上海做生意。”

“到香港来干什么？”

“办货。”

“装蒜！”敌人把桌子一拍，瞪着眼叫道，“说！什么时候参加的共产党！”

“共产党？”邓中夏故作惊讶地说，“长官，我们都是生意人，哪里知道什么党不党的？”

“胡说！这是什么？”敌人大怒，拿出那封给东江特委的指示信。

“是呀，这是什么？我们可从来没见过这封信呀！”邓中夏故意装糊涂。

“没见过？”敌人狡猾地眯起眼，“没见过的东西怎么会在你们房子搜出来？真是天大的笑话！”

“长官，我们真的不知道，我们可都是规规矩矩的生意人啊！”邓中夏不慌不忙地说。

敌人一拍桌子，大叫：“我看你还是招认了吧！白纸黑字，抵赖是不行的！”

邓中夏灵机一动，说：“长官，我们确实不知道这事。你要不信，可以马上核对。”

“核对什么？”

“核对我们每个人的笔迹，如果是我们中间的哪个人写的，一对笔迹，不是马上就可以查出来了吗？”

“好，量你们也逃不出我们的手掌心！”

于是，敌人取了每个人的笔迹，拿去核对了。谁知，没有一个人的笔迹与信上的一样。这是怎么回事呢？

原来，那封给东江特委的指示信是邓中夏叫秘书小张写的。现在小张既然不在，笔迹自然就对不上了。蠢笨的敌人哪里想到事情的结果会是这样，顿时傻了眼。

邓中夏抓住时机，向敌人展开了有力的进攻，他大声说：“你们堂堂一个大英帝国的政府，竟然这样不分青红皂白，胡乱抓人，把我们这些普通的买卖人，也随随便便抓起来，这样下去，谁还敢做生意？谁还敢到香港来？”

大家也七嘴八舌地嚷起来。

这个说：“光天化日之下，不去抓小偷，抓强盗，反倒来抓我们，真是岂有此理！”

那个说：“我们不能这么随随便便地叫你们抓来抓去，我们要上告你们长官！”

“对，我们要上告你们长官！”

敌人看这情形，怕把事情闹大了，只好把他们都放了。

邓中夏回到上海后不久，便奉命去莫斯科参加赤色职工国际的“四大”和中国共产党的“六大”。

参加历史性会议

☆☆☆☆☆

（34–36 岁）

1928 年 2 月，邓中夏应邀参加在莫斯科举行的赤色职工国际第四次代表大会。这次大会于 1928 年 3 月 18 日在莫斯科开幕，出席会议的有来自五十多个国家的团体和代表五百多人，这是国际工人运动史上的一次重要会议。

邓中夏在会上介绍了中国工人阶级的战斗历程和大革命失败的经验教训，受到各国代表的赞扬、钦佩。他和同行的苏兆征被选为赤色职工国际执委会委员，并同时被选为共产国际“六大”执行委员。

会后，邓中夏暂留莫斯科，参观访问，讲演讨论，参与筹备中共“六大”的召开。党的“六大”会前、会中，邓中夏全力以赴，废寝忘食，拼命工作，与大会秘书长周恩来天天在一起为大会准备文件，安排讲座，审查代表，操办会务。斯大林也会见了瞿秋白、周恩来、邓中夏、苏兆征和黄平，共同研究中国革命的性质和任务。

1928年6月18日，中国共产党第六次代表大会在莫斯科近郊的一座别墅中隆重召开，出席这次大会的正式代表88人，列席代表58人。

“六大”纠正了“左”倾盲动主义错误，产生了苏兆征、向忠发、项英、周恩来、蔡和森组成的五人政治局常委会。由向忠发任常委主席即总书记，实际上他水平不高，毅力、意志不行，没有起到应有的作用，后被捕叛变。

党的“六大”闭幕后，邓中夏、周恩来等又参加了莫斯科召开的共产国际第六次代表大会。

1928年10月初，邓中夏正式到赤色职工国际工作，它既是中华全国总工会驻赤色职工国际的代表，又是赤色职工国际中央执行局委员。莫斯科两年的斗争生活，对邓中夏来说，是难以忘怀的。在这里出席了具有重大历史意义的会议，撰写了包括《中国职工运动简史》在内的一系列重要著作，对中国革命和国际工人运动做出了贡献。1929年他与瞿秋白等进行一系列调查研究后，找了共产国际有关方面领导同志澄清、平反了苏联中山大学米夫、王明制造的中国学生“江浙同乡会”冤案。从此王明等人怀恨在心，捏造罪名说邓中夏、瞿秋白等领导了“浙江同乡会”。

1930年春，在共产国际的压力下，中央派代表前往莫斯科改组了中共代表团。命邓中夏、瞿秋白随时准备回国。历史证明，邓中夏、瞿秋白是我党最早识破米夫、王明野心家嘴脸的领导人。

1903年7月，邓中夏离开莫斯科，回到国内。

转战在湘鄂西

（1930—1931）

整顿军队

☆☆☆☆☆

（36岁）

1930年9月上旬，邓中夏从上海出发，来到武汉，登上一艘开往沙市的轮船。他化装成一个商人，机智地闯过一次次险境，终于在监利县白螺矶登岸，来到洪湖苏区。9月12日，邓中夏赶到监利周老嘴红二军团留守处，便立即开展工作。他了解到红二军团组建后，首攻监利县城未克，进攻沙市无功而退，军团高级领导层意见分歧，互相埋怨，两军便分开行动，"大有分家的倾向"。邓中夏认为情况紧急，"当即派人飞至传达，每日一函"，即调二、六两军集中于监利。红二军团回到洪湖苏区后，邓中夏于9月20日，在周老嘴主持召开了红二军团前委军事会议。他首先传达了党中央的意见，由他接任红二军团政委兼前委书记，接着传达贯彻了党中央新的指示，结合分析了全国的形势和洪湖根据地的局势，然后组织大家认真讨论。他说："中央命令我们红二军团渡江南下，配合一、三军团进攻长沙。我们当前应该怎么办？"由于这次会议充分发扬民主，大家发言、争论都很热烈。最后，邓中夏集中大家正确意见，决定在渡江配合一、三军团行动之前，先集中力量攻下监利县城，拔掉苏区内这颗钉子。邓中夏指出，这次攻打监利县城我们有胜利的把握，又有其重要意义：一是可以鼓舞全军士气，振奋民心；二是可以打击削弱敌人；三是可以声东击西，乘敌不备去渡江。邓中夏的意见，得到大家的一致赞同。于是邓中夏和贺龙、柳直荀等周密地制定了攻城的战斗方案。会后又和周逸群等对军队进行了充分动员，还和崔琪等发动和组织根据地数万赤卫队员，为配合红军攻城作准备。1930 年 9 月 21 日晚，红二军团向监利县城守敌发起猛烈进攻。红军和赤卫队从东、北、西三面攻城。经过一夜激战，于 22 日拂晓，一举攻克县城，全歼敌新三师教导团和县保安团两千余人，缴获枪炮一千余支（门），使湘鄂西根据地连成一片，全军士气为之大振。

监利县城解放后，邓中夏利用红军休整时间，大力加强部队的政治工作，提高干部的政治素质，促进了两军之间的团结。在革命斗争实践中，邓中夏深刻认识到团结和保护干部的重要性。他认为湘鄂西党、政、军领导干部的主流是好的，是可以信赖的。因此，邓中夏对他们是爱护和重用的。如贺龙曾遭到“左”倾机会主义者的攻击，一度受到中央的怀疑。对此，邓中夏如实地向党中央报告说：“云卿（贺龙名）本人政治上确无问题，其部下约大半人入党，党的观念虽弱，但忠诚勇敢，过去领导同志不从积极方面加以政治领导，却从消极方面反对服从个人倾向，显然是幼稚病的表现。”邓中夏的报告使党中央及时消除了对贺龙的怀疑。邓中夏十分注意发挥每个干部的积极性，即使是对犯了“左”倾错误的，邓中夏也是看主流，看一贯表现，也注意加以团结和保护。他请求中央继续留柳直荀在苏区工作，并任命柳直荀为红六军政治委员。周逸群曾一度受到“左”倾分子的排斥，不仅被撤销了鄂西特委书记职务，而且还被指责为右倾。邓中夏到湘鄂西苏区后，对周逸群倍加信任，推举他为湘鄂西特委代理书记，并决定由他兼任湘鄂西联县政府主席。在新组成的湘鄂西特委 21 人中，有邓中夏、周逸群、贺龙等 7 人为常委，领导整个苏区党政军工作，从而使湘鄂西根据地党和红军不断发展壮大起来。

通过对监利等地的调查，邓中夏发现洪湖根据地的干部人才实在太少，缺乏必要的训练，在根据地建设上也存在一些问题：1. 许多干部对建设苏维埃政权存在错误的理解。2. 根据地内时常发生农民“反水”的暴动事件，影响根据地的巩固。3. 赤区群众和白区群众存在

△ 红二方面军领导干部合影

严重的对立。针对这些问题，邓中夏提出了很多切实有效的办法：制定土地政策和经济政策，把“北极会”的反动头子与一般会员区别开来，把受蒙蔽的基本群众争取过来，坚决打击个别头目。邓中夏积极进行调查研究，倾听各方面意见，集思广益，运筹帷幄，起草文件，制定有关政策法令。

1930年9月下旬，邓中夏在监利县城主持召开了湘鄂西特委第一次紧急会议，通过了由他起草的《政治任务决议案大纲》和《土地问题决议案大纲》等文件，为苏区全面开展土地革命拉开了序幕。同年10月中旬，湘鄂西苏维埃第二次工农兵代表大会在监利县城召开，到会的工农兵代表共八百多人，邓中夏在会上作了政治报告。他对苏区的土地革命、政权建设、经济政策和地方武装建设等问题作了详细论述。代表们对邓中夏的报告进行了热烈讨论。大会通过了苏区政治任务、军事问题、经济政策和文化教育等决议，制定和通过了湘鄂西苏区《土地革命法令》、《保护工农法令》、《保护人权法令》以及“婚姻”、“武装工农”、“肃清反革命”等一系列法令。还制定了《优待红军家属及抚恤伤亡实施条例》。这些文件、政策和法令的颁布和实施，对推动苏区的土地革命，发展苏区的经济、文化，加强政权建设和军事建设，动员苏区军民投入反“围剿”斗争都起了重要作用。

南征受挫

（37岁）

1930年10月18日，红二军团兵分三路南渡长江，红二军从石首周家剅口、新厂一线渡江，经鲇鱼须、梅田湖，迳趋南县。红六军十六师从监利杨坡疃、复洲渡江到石首调关，首歼万庚之敌近五百人。红六军十七师由监利陶家市、洪水港渡江，经长岗庙、松木桥，会合十六师，进攻华容。22日凌晨，红六军在华容县游击队和群众配合下，从北面石山矶和南面麻澧泗向华容城守敌发起攻击，占领县城，在南门大坪召开军民联欢大会，成立华容县苏维埃政府和湘鄂西赤色警卫队第八大队，蔡玉坤任县苏维埃政府主席，朱祖光任第八大队大队长。同日，红二军攻占南县县城，成立南县苏维埃政府，谭旷、孟庆友任正、副主任。全县有五个区成立苏维埃政府。其间，红军在华容、南县两地共歼灭敌新编第十一师张英部及两县团防千余人，缴枪四百余支。

南县、华容解放后，红二军团鉴于南县、常德之间河流纵横，不便于大部队行动，便决定先取公安，后攻津、澧，再取常德。10月30日，红二军由黄山头攻占公安县城，缴敌新七旅耿金光部三百余支枪；

红六军经石首茅草街攻占藕池、官垱，歼敌保安团一部。红十七师进抵公安闸口时，击溃敌李宗鉴两个团，俘敌团长以下多人，缴枪三百余支。

红二军团突然在江南出现，令湖南军阀何键大为恐慌，他急调十六师赶赴湘西北，指令十六师师长彭位仁统率李国钧、张英、马昆山等部，分三路水陆并进，向红军进攻。红军为避敌锋芒，不暴露作战意图，只稍作抵抗，便佯装由公安向石首、松滋撤退，给敌军造成退出湘境的错觉。待敌龟缩之后，红军分两路迅速向津市、澧县挺进：一路为红六军十七师由师长许光达、政委李剑如率领，经澧县北面盐井、张家厂直插津澧；一路为红二军四师和红六军十六师，分别由师长王炳南、政委王一鸣率领，从津市东北面经黄山头、曹家场和焦圻，进逼津澧。此时，敌新编三十四师师长陈渠珍派心腹戴季韬率装备精良、有三千余人枪的警卫团驻守津市，派陈运夔率一团到澧县。

11月4日，红二军全部及红六军十七师进攻澧县，红六军十六师进攻津市。澧县城墙全用条石砌成，高6米，厚2米，城墙下有二三十米宽的护城河，长年不枯，守敌陈运夔部千余人，闭城坚守。红军难以攻下，于是调红十七师协同红十六师作战，猛攻大堰垱、王家厂，接着主力回头猛攻白洋堤守敌，从小渡口占领津市。同日，红二军全部及红十七师包围澧县城。敌用轻重机枪封锁六个城门，派兵把守一千多个城墙跺口，还在城墙上堆放石块砖头，从夜晚到天明，在长达几公里的城墙上挂满浸透煤油的棉絮团，点燃照明，通夜巡守。此时，何键一面命令澧城守敌固守待援，一面又令退缩安乡的新十一师残部及驻临澧的独立第一旅李国钧部火速增援。命田少卿团由慈利星夜赴澧解围。红军围困澧城数日，多次集中兵力于东门、北门强攻，又在东门掘洞炸城，均未成功。11 月 9 日，驻安乡敌军倾师来袭。11 日，李国钧部已先期驻扎澧水南线临澧夹山。各部敌军均已逼近，红军腹背受敌。红军领导人内部发生意见分歧，贺龙、段德昌、许光达等认为此次行动未能与巩固政权联系起来，前方与后方苏区又完全隔绝，主张撤至公安，返回洪湖苏区。但邓中夏只同意暂时放弃津澧，向合口方向转移。13 日，红军攻克合口、新安，占领石门县城，一面休整，一面在石门北乡发动群众，帮助石门县苏维埃发展根据地，扩建县游击队，并动员工农青年参加红军。下旬，邓中夏率红十七师留守石门，贺龙率红军主力迎战夹山敌新十一师，战斗打得十分激烈。敌踞山抵抗，红军迂回猛击，将其击溃。

11 月 23 日，红军派一部追敌独一旅于临澧佘市桥，将敌击败，相继占领临澧县城。在临澧县城，红军从国民党报纸上得知红一、三军团早已退出长沙，在江西北部活动，没有再攻长沙的迹象，而且蒋、冯、阎混战结束后，敌军大批南调，有围攻革命根据地之势。又从缴获的敌人文件中获悉津市之敌有向石门进攻的企图。于是，贺龙等命红军部队撤出临澧县城，于 26 日撤回合口、新安一带，与红十七师会合。在合口镇，前委召开会议，重新研究部队行动方针。会上，贺龙、段德昌、许光达等主张部队撤回洪湖，迎击敌人的围剿；邓中夏主张再打津市、澧县，以实现夺取常德，进击长沙的既定方针。

12 月 1 日，红二军团再次围攻澧县城。二军四师围住澧县西门和南门，六军十六师围住澧城东门和北门。死守澧城的陈运夔部和县挨户团队长杨复初的地方武装，胁迫部分老百姓参加守城，共约一千五百余人。为抵御红军再次攻城，放火焚烧了东门外一条街，使之变为开阔地以观察红军行动，又把东门外凤凰堰到立河段的壕沟挖通，在城东门口装上吊桥。面对敌人的防堵形势，红军准备了木梯、绳索、爆破工具，用叠置棉花包的“地滚车”作掩护进至城下，架设云梯攀登城墙。每晚组织部队发动一次总攻击，均不奏效。

这时，敌十九师李觉部、湘西陈渠珍部两个师以上兵力，赶来增援，进占石门，并与罗效之部反扑津市；另一路自临澧向澧县进逼。红军集中主力于西线攻澧县，仅留红十七师五十团驻守津市。敌知津市红军兵力空虚，分三路向津市反扑，五十团全团官兵浴血奋战，除二百余人冲出重围外，其余全部壮烈牺牲。红六军参谋长刘仁载和五十团团长在英勇杀敌中壮烈牺牲。

12 月 8 日晚，已围攻澧县城七昼夜的红二军团主力，得悉何键派李觉一师从澧城西面合口渡河来援，澧城东北，川军张英、马昆山残部重新集结，扑向澧城，敌军约二十个团的兵力向红军包围，形势极为不利。9 日凌晨，红二军团指挥部命令主动撤出澧县城，经梦溪，退往松滋县杨林市、街河市一线休整。为了打通与洪湖后方的交通，红二军于 10 日再占公安县城，由红十二团掩护伤员及物资返回石首后方。至此，南征计划失败。

红军两次攻打津澧，虽然消灭了大量敌军（约六千人），先后攻克华容、南县、公安、津市、石门、临澧等县城，扩大了江南苏区，但由于受党中央“左”倾冒险错误的影响，所克之地，随得随失。在澹水河十迴港，红军损失惨重，尤其是杨林市一战，红军伤亡两千余人，教训深刻，说明“左”倾方针对革命事业危害严重。

千里转战

☆☆☆☆☆

（37 岁）

红二军团在枝柘坪休整期间，洪湖根据地正处在反“围剿”极其困难的时候。中共湘鄂西特委又来信要求红二军团立即回援洪湖。贺龙和广大指战员也强烈要求返回洪湖。为此，军团前委于 1931 年 3 月底 4 月初召开前委会和党员代表大会，讨论行动方针。会上争论得十分激烈。贺龙和绝大多数人坚决主张回洪湖参加反“围剿”。邓中夏承认援救洪湖是必要的，但仍顾虑洪湖的地形不利于大部队行动，要另创根据地策应洪湖的斗争。他决定开辟荆门、当阳、远安地区，进逼宜昌、沙市，联系洪湖，并说这是“围魏救赵”的策略，而进入洪湖则是“从井救人，人固不救，救者必死”。

会后，按照中共中央指示，红二军团缩编为红三军，贺龙任军长，邓中夏任政委。红二、六军分别改为红七、八师。前委于 4 月 2 日召开鹤峰、五峰、石门、长阳、桑植五县党代表大会，决定组成中共湘鄂边分特委，将湘鄂边独立团改称为红三军教导第一师，留在原地坚持斗争。

4月2日，红三军北上，4日在野三关歼敌一个团，占领巴东县城，顺利渡过了长江，又连克兴山、秭归两城。4月13日攻占远安。18日，红八师克荆门，红七师攻当阳，进军神速。国民党当局急调两个师又一个旅前来进攻。红三军作战不利，转往鄂西北地区。邓中夏“围魏救赵”的计划未能实现。

贺龙、邓中夏率红三军向北转移途中，与中共鄂豫边特委领导的薤山游击队会合，攻占了谷城县的石花街，又力克均州城，于是决定在这一带创建鄂西北根据地。6月初，敌第五十一师一五二旅与悍匪张连三部合力来

△ 洪湖芦苇

犯。9日，红三军撤离均州，越武当山，18日占领房县，暂时形成了一个稳定局面。在此地组成了以柳直荀为书记的中共鄂西北分特委，派出大批干部战士开展地方工作，建立了以房县为中心的根据地。这块根据地连绵数百里，拥有20万人口，建立了14个区和105个乡苏维埃政权，建立了赤卫队、红色补充军、游击队等群众武装，以及工会、劳动妇女团等群众组织，进行了分配土地的斗争。红三军在房县地区时，受中央错误路线影响较小，比较能从实际情况出发，贺龙和邓中夏也能取得一致的认识，因而在短期内做出了显著成绩。

7月底，敌9个多团向鄂西北根据地进攻。30日，悍匪张连三部两个步兵团、一个骑兵团袭占大木厂，8

△ 红三军司令部旧址

月1日进至连三坡，企图夺占房县城。红三军只有红二十二团一部及军部特务营在县城，情况危急。贺龙亲自率部迎敌，并急调红八师一个团增援。战斗持续了三昼夜，终将敌击溃，歼敌400余人。可惜因为天下大雨，山洪暴发，部队行动受阻，未能全歼敌军。另一股敌人被红七师及教导团阻击，红八师又向敌侧后迂回，歼其一部，敌大部仓皇逃跑。

9月，红三军得悉洪湖根据地的红九师已沿襄河北上接近鄂西北，全体官兵欢欣鼓舞。邓中夏不得不同意南下迎接红九师，一起返回洪湖，并且决定，红三军离开后，留下红二十五师（共两团一千余人），在分特委书记柳直荀统一领导下，在鄂西北坚持斗争。

红三军主力与红九师会师后，万涛根据中共中央湘鄂西分局和中共湘鄂西临时省委指示精神，召开了团以上干部参加的前委扩大会议，传达了中共中央关于撤销邓中夏职务，坚决执行共产国际及中共中央四中全会路线的指示。按分局及省委决定，由万涛任红三军政治委员。同时决定红三军东渡襄河，向洪湖前进，夺取钟祥、岳口等地，以获取粮食和物资，支援遭受严重水灾、处境极度困难的洪湖根据地军民。

红军回到洪湖后，夏曦从宗派主义和“左”倾立场出发，又以湘鄂西中央分局的名义，责成邓中夏检查错误。邓中夏是党性很强的共产党员，尽管遭到王明一伙的残酷打击，仍然遵守党的纪律，服从湘鄂西中央分局的决定，表示愿意检查，并立即给中央写了一封信，表明了自己光明磊落的态度。邓中夏在总结中对关于“立三路线”问题，关于所谓“上山逃跑”问题，关于回师援救洪湖苏区问题，关于开辟鄂北根据地问题都做了实事求是的客观的总结，对自己的功劳却略而不谈。

邓中夏的一位战友评价说："可以这样说，中夏同志在二军团任政委期间，除了在大范围内没有冲破李立三同志"左"倾错误的框框之外（在组织上也不可能），在组织和政权建设的一些重大决策上，大都从实际出发，是正确的。"这一评价是公正的、符合实际的。

1931年12月的一个雾茫茫的早晨，邓中夏在交通员的带领下，从老周嘴南头的小河边，登上一只去上海的小船，默默地离开了他英勇战斗过的洪湖苏区。

负重前行就义

（1932—1933）

负重前行

☆☆☆☆☆

（38岁）

1932年初回到上海后，执行王明路线的党中央对邓中夏不做审查结论。由于没有生活来源，邓中夏一家人生活十分艰难，只能靠爱人打零工挣的一点钱勉强度日，对自己刚刚生下的孩子也无力抚养，只得忍痛送人。后来被安排在沪东区委宣传部，帮助写写传单，刻刻钢板。尽管是这样，邓中夏仍毫无怨言地做着。空闲的时候他就抓紧时间认真刻苦地研究马列主义理论和中国历史，阅读了大量著作。

1932年秋天，党中央要他担任全国赤色互济总会主任兼党团书记。互济会的任务是发动和组织社会各界同情革命的人民和革命者家属，营救被敌人逮捕、关押的革命同志，通过各种方法争取将被捕者无罪释放或减轻刑罚。

邓中夏知道这个任务充满危险，但也知道互济会工作开展得好坏直接关系到很多同志的生命，他愉快地接受了任务。

经过邓中夏和互济会同志的努力，上海几个被敌人破坏了的互济会组织在短短的几个月便恢复起来，人数超过了以往。营救被捕同志和救济其家属

▷ 雨花台烈士纪念碑

的工作也开展起来。

1932 年 11 月 3 日，邓中夏的爱人李慧馨同志因进行革命活动被敌人逮捕。邓中夏一面请史良律师去探监，设法营救，一面写信托人带给李慧馨，要她坚持斗争。爱人被捕后，他的处境更加危险。

1933 年春天，日军又对我华北地区发动进攻，全国人民的抗日情绪高涨，上海人民也在我党的领导下，建立了“国民御侮自救会”等抗日团体。

由于受王明“左”倾机会主义路线的领导，在革命的形式上仍然追求轰轰烈烈，而不考虑革命同志的生命安全，“共舞台事件”和五一节“飞行集会”，造成一百五十多名同志被捕。邓中夏曾一再要求上级改变这种做法，保存革命力量，但都被完全拒绝。他感慨地说："不知什么时候，我们的这些所谓的'理论家'们——那些自命不凡的同志才懂得，只有长期积蓄力量，才能与敌人进行决战这条真理！"

英勇就义

☆☆☆☆☆

（39岁）

1933年5月15日晚，邓中夏去找互济会援救部部长林素琴商谈工作。这时，林素琴在互济会的地下活动已经被叛徒刘洪密告法租界巡捕房，敌人在林的住处布置了暗探，正在监视与林素琴有来往的人员，邓中夏到林素琴住处不久，法巡捕房就派警察包围了住所，将邓中夏与林素琴逮捕，在屋内还搜出许多革命书刊和党的文件。次日，设在法租界的国民党江苏省高等法院第三分院开庭审讯。邓中夏巧妙周旋，据理力争，并请史良等著名律师帮助辩护，党组织也设法营救，迫使法庭判处邓中夏50天监禁。但是，与邓中夏同时被捕的林素琴不久叛变，供出邓中夏的真实身份。

蒋介石得知消息，大喜过望，用现洋一万元买通法租界各级官吏，将邓中夏引渡给上海警察局，并立即押往南京宪兵司令部。

在南京宪兵司令部，蒋介石先派邓中夏以前的好友前来劝降，但被邓中夏骂得狗血喷头，狼狈而去。随后，国民党的中央委员和国民党的所谓“理论家”也前来说降，都被邓中夏一一驳斥。监狱的同志看到邓中夏接连几天都以“贵宾”的身份被国民党请去，便以监狱共产党地下支部的名义，通过一位难友对邓中夏说：“同志们很关心你，问你有什么打算。”邓中夏听后激动地说：“一个革命者到这个时候，同志们是应该关心他的政治态度的。请你告诉大家，就是把邓中夏的骨头烧成灰，邓中夏还是共产党员。”

国民党宪兵又用种种酷刑想使邓中夏屈服。邓中夏以一个共产党员的钢铁意志战胜了敌人的残酷摧残。一次严刑毒打之后，一个特务对邓中夏吼道：“你还这样强硬，难道你不想出去了吗？”邓中夏凛然道：“我没有进来之前，倒是想到有一天会进来的。现在进来了，却从未想到会出去。”监狱里，笼罩着死亡的恐怖，每逢星期二、四、六，都是杀人的日子。邓中夏已经被拉出去陪法场好几次了。敌人杀人的方式很凶残，除了砍头和枪毙，有的就用绞索活活勒死，有的甚至将人装在麻袋包里，用刺刀乱戳，然后扔进大江。然而，这一切并没有使邓中夏感到丝毫的恐惧，反而更加坚定了他的信念，使他更加痛恨和蔑视敌人。每天，他照常与人们谈笑着，好像不知道敌人快要杀害自己似的。

在狱中，邓中夏给难友们上党课，讲马列主义，讲共产党员的理想和气节，讲工人运动。有一次，他刚受完重刑回牢房，稍息片刻，便接着讲上次未讲完的题目，讲着讲着，牵动嘴角和鼻子边上的伤口，血不断地流出来。难友们都被他坚毅的精神所感动。

邓中夏在自己生命的最后时刻，还在坚持学习，阅读一本借来的

◁ 邓中夏雕像

通史。一次审讯过后，他估计到那是最后一次审讯，自己为党工作的时间不长了，在给同志们上完最后一次党课后，便抓紧时阅读完那本通史。随后，又给党中央写了最后一封信，深情地说："同志们，我快要到雨花台去了，你们继续努力奋斗吧！最后胜利终究是我们的！"

1933 年 9 月 21 日的黎明，天色异常黑暗，人们都在睡觉。忽然，传来一阵杂乱的脚步声，紧接着，门上一尺长的铁锁"哗啦"一声打开了，有人大声喊道："11 号，邓中夏！"

那声音划破了宁静的夜空，人们都被惊醒了。一会儿，只听 11 号那边有人庄严地大声喊道："共产党万岁！共产党万岁！……""无产阶级联合起来！"……全监狱的人都被这壮烈的口号声震动了，难友们纷纷扑向铁窗。只见五六个刽子手，拥拥挤挤地把邓中夏推出门外，上次审问邓中夏的那个法官正带着十几个全副武装的宪兵等在那里。

法官狞笑着看着邓中夏，说："邓中夏！现在，你不强硬了吧！该后悔了吧！"

邓中夏挺着胸脯，叉开两腿，凛然不屈地站在刺刀前，响亮地说："我邓中夏一生没有什么后悔的事！"

"嘿，你还嘴硬呢！我再问问你，你最后还有什么话说？"

邓中夏对法官怒目而视，厉声骂道："狗东西！我从来没有什么话要对你们说！"他转过身来，用眼扫了一下那些宪兵，放缓语调说："对你们当兵的，我倒有几句话要说说：请你们睡到半夜三更，好好地想一想。共产党是为中华民族求解放的，是为广大人民群众谋幸福的，你们杀死了共产党，对你们自己到底有什么好处呢？"

"快！快给我拉出去！"法官恼怒地咆哮着。

邓中夏轻蔑地扫了他一眼，仰天大笑："你们害怕了吧！告诉你们，共产党人是杀不绝的！胜利是属于我们的！看着吧，你们的末日就要到了！"

"快给我拉出去！"法官脸色煞白，狂怒地叫嚣着。

邓中夏毅然踏上囚车，高唱着"曙光在前，同志们奋斗……"

就这样，在雨花台前，邓中夏为共产主义事业英勇地献出了自己宝贵的生命，年仅 39 岁。

后 记

红色遗嘱照后人

“一个人不怕短命而死，只怕死得不是时候，不是地方。中国人很重视死，死有重于泰山，有轻于鸿毛。为了个人升官发财，那么苟且偷生的活，也可以叫做虽生犹死，真比鸿毛还轻。一个人为了最多数中国民众的利益，为了勤劳大众的利益而死，这是虽死犹生，比泰山还重。人只有一生一死，要死得有意义、有价值。”这是邓中夏在狱中写的。

一个人为什么而生？一个人为什么而死？衡量生与死的意义与价值的标准是什么？无数仁人志士一直在寻求这个问题的答案。邓中夏面对死亡的考验，用富有哲理的语言阐述了共产党人的人生观、价值观，用实际行动响亮地回答了这一问题。

邓中夏站在共产党人的立场上，认为革命者衡量生与死的意义和价值的标准，就是为人民利益而生，为人民利益而死。做到了这一点，就是“生得有意义，死得有价值”，就比泰山还重。在中华民族的历史上，有无数民族英雄、爱国主义者，为国家尊严和民族利益慷慨献身。他们在生死关头，持志如磐，忠贞不渝，不为利禄所诱，不为威武所屈，或在战场上英勇牺牲，或在刑场上从容就义，充分展现了中华民族的铮铮铁骨与浩然正气。

邓中夏虽然离我们远去，但他留下的判断生与死的价值标准却依然完美生动。在当今一些人唯金钱至上、权力至上、物欲至上的时候，重新缅怀先烈的丰功伟绩，重新接受先烈思想的洗礼，也许会对职位的高低，权利的大小，金钱的多少，荣誉的先后有新的思索，新的感悟……

在我们过着美满的生活，享受着自由、和谐、快乐而幸福的人生的时候，在我们感受着国家日益繁荣、文明、进步与昌盛的时候，我们不应该忘记——用生命换来了今日之中国、今天之生活的先烈。

也许有人会说，在和平建设的年代，生和死的意义将不再是那样轰轰烈烈，惊天动地。那么人的一生是否至少应该是这样：平凡不怕，有为就行；清贫不怕，充实就行；艰险不怕，无悔就行！

1950 年，南京修建雨花台革命烈士陵园，毛泽东在奠基碑上题写了“死难烈士万岁”六个大字，表达了他对邓中夏等烈士的深切怀念和哀悼。

中共宜章县委、县政府于 1994 年 10 月 15 日邓中夏诞辰 100 周年的前夕，在宜章县南京洞开发区修建了中夏公园，江泽民亲自为树立在公园广场正中央的邓中夏同志铜像题名。